Was die Dörfer einst zusammenhielt

Für alle Menschen,
die unsere Dörfer noch heute gestalten
und mit Leben füllen

Inhalt

Vorwort

Vom Leben in den Dörfern

„Was die Dörfer einst zusammenhielt" – 19 Frauen und Männer tragen mit Geschichten aus ihrer Kindheit Puzzleteil um Puzzleteil zusammen zu einem vielschichtigen Bild vom Leben in Dörfern. Was sie verbindet, ist eine Kindheit in den 50er und 60er Jahren. Damals wurden sie Zeitzeugen der letzten Jahre einer Dorfkultur, die bis dahin Jahrhunderte überlebt hatte und in dieser Generation in nur wenigen Jahren verschwand.

Mit der Veröffentlichung der Bauerntöchter- und Bauernsöhne-Geschichten wurde die Lebenswelt der Höfe von innen beleuchtet. Am Rande wurden auch immer wieder Blicke in ein Dorfleben gewährt, das es so längst nicht mehr gibt. Daraus entstand die Idee, dieser Welt und den Menschen, die diese Welt geprägt haben, ein eigenes Buch zu widmen, bevor die Bilder, Farben und Gerüche für immer verloren sind.

Die Geschichten sind so unterschiedlich wie ihre Autorinnen und Autoren. Sie erzählen von Dörfern in unterschiedlichen Regionen Deutschlands, von einer Welt reich an Arbeit und arm an Geld. Von einem Leben zwischen Idylle, Enge und Engagement. Vom Tragen und Getragen-Werden in der Dorfgemeinschaft, aber auch von denen, die am Rande standen und für immer Fremde blieben. Mit vielen Facetten wird in diesem Buch das Leben auf den Dörfern beschrieben. Erzählt wird von Sonnen- und Schattenseiten und auch von jenen Stellen, „an die die Sonne gar nie kam, weil die Häuser in den Dörfern zu dicht standen".

Man kann sie sehen und hören: die Bauern, den Dorfschmied, den Hausmetzger, die Hebamme, den Dorfschullehrer, die Schneiderin und den Sargträger. Und man kann es riechen: das Feuer der Schmiede, die Sägespäne der Schreinerei, die Misthaufen hinter den Ställen. Spüren kann man die Kälte, die in den unbeheizten Stuben im Winter Eisblumen an die Fensterscheiben zauberte, und die flimmernde Hitze der Sommertage auf den Feldern, in den Scheunen und Gassen.
Es waren Menschen, die diese Dörfer zusammenhielten. Die Dörfer hatten Gesichter und Geschichten, Orte mit Begegnungen zu fröhlichen und traurigen Anlässen. Im Kreislauf der Jahreszeiten zwischen Saat und Ernte, im Kreislauf der Feste zwischen Ostern und Weihnachten, im Kreislauf des Lebens zwischen Geburt und Tod.
Ich danke den Autorinnen und Autoren, die sich auf dieses Buchprojekt eingelassen haben, für das Vertrauen und die Offenheit, mit der sie einen Blick in die Dörfer ihrer Kindheit ermöglichen, und für die Zeit, die sie für das Schreiben ihrer Geschichte verwendeten. Damit haben sie dieses Buch erst möglich gemacht.

August 2022
Ulrike Siegel

Rita Fellner (geb. 1956),
aufgewachsen in der Hallertau (Bayern)

Die Kramerin von Oberlauterbach

Ihr Kolonialwarenladen stand mitten im Dorf, gleich neben der Kirche. Sie hatte in den Laden eingeheiratet und ihn vom Schwiegervater übernommen, am ersten Tag nach der Hochzeit im Jahr 1956. Von sechs Uhr morgens, wenn der Bäcker das frische Brot brachte, bis sieben Uhr abends, nachdem sie ihren Laden durchgewischt hatte, stand sie in ihrer weißen Schürze hinter dem Ladentisch. Wiegte ab, packte ein, gab aus.
Hart und ausdauernd hat sie gearbeitet und die kluge Rechnerin hat so im Lauf der Zeit das Sortiment dem Bedarf immer wieder neu angepasst. Bei ihr gab es alles, was die Dorfbewohner brauchten. Alles für den alltäglichen Bedarf an Lebensmitteln, Bonbons stückweise für einen Pfennig aus einer Drehgondel, verschiedene Senfmehle aus großen Gläsern zum Selbstmischen für Senf. Alles für die Schule, Schuhcreme und Rasierklingen, auch Textilien, Kälberstricke und Brühpech.

Wenn die Leute am Sonntagvormittag aus der Kirche kamen, konnten sie noch Zutaten für das Sonntagsessen mitnehmen, denn die Kramerin war die Erste, die die Kirche verließ, und hatte ihren Laden bereits aufgesperrt, wenn die anderen aus der Kirche kamen.

Stellte sich am Samstagabend bei jemandem unverhofft Besuch ein, so wurde auch mal an die Tür geklopft, um noch schnell für den Besuch einen Wein oder ein Bier zu besorgen.

Ihr Laden war auch Treffpunkt zum Neuigkeiten-Austauschen. Von Mund zu Mund erfuhr man, ob jemand krank oder gar gestorben war – schon bevor es in der Zeitung stand.

Die Kramerin war auch eine diplomatische Frau und hat auch so manchen Streit geschlichtet.

Wir Kinder mochten besonders gern die Weihnachtszeit. Die beiden Schaufenster waren schön dekoriert mit Tannenzweigen und Tannenzapfen vom Wald. Lichterglanz und Goldpapierfunkeln. Oft standen wir Kinder vor den Fenstern und suchten in Gedanken ein ausgestelltes Teil aus, das uns besonders gut gefiel. Eine schöne Seife, ein Parfüm, eine kleine Figur oder Pralinen. Das durfte sich dann der Nächste nicht mehr wünschen. Selten, dass wir dann auch wirklich zu Weihnachten so etwas bekommen haben, aber für einen kurzen Moment hatten wir es schon besessen. Im Laden duftete es da besonders gut nach Zimt und Lebkuchen, nach Zitronat und Orangeat. Dies gab's in Hälften zum Selbstschneiden aus großen Gläsern, die in den hölzernen Regalen standen.

Am Heiligen Abend wollte die Ladenglocke gar nicht mehr stillstehen. Die Kramerin hatte selbst verdientes Bargeld in der Kasse, was zu dieser Zeit die wenigsten Frauen hatten.

4. Januar 1956: Übergabe des Ladens durch den Schwiegervater.

Am Karfreitag gab's Brathering. Es wurde eine große Dose zum Verkauf geöffnet und jeder kam mit Büchse und Schüssel.

Abends wurde frisch gemolkene Kuhmilch von den eigenen Kühen aus einer großen Milchkanne literweise ausgegeben. Wenn die Ernte groß war, gab es auch mal Kirschen oder Äpfel vom eigenen Garten. Ansonsten wurden die Früchte selbst gebraucht. Die ruhigste Zeit im Laden war die Mittagessenszeit und kurz danach. An den Laden schloss sich gleich die Stube mit Küche an. So kochte die Kramerin parallel zu dem Ladengeschäft noch für neun Personen in der Familie. Zum Glück gab's noch einige Jahre die Großeltern, die mithalfen, schon mal Kartoffel schälten, den Ofen anheizten. Sonst hätte es öfter erst spät Mittagessen gegeben, je nachdem wie viel im Laden los war. Aber es musste zur bestimmten Zeit gegessen werden, da der Mann vom Feld kam und dann wieder hinauswollte und nicht aufgehalten werden durfte. Später kam dann noch die Pflege der Alten hinzu. Die Kinder waren dann schon größer und wurden selbstverständlich bei der Hausarbeit und auch bei der Aufsicht der Kleinen mit eingebunden. Kita oder Kindergarten gab es noch lange nicht.

Das Dorf mit 550 Einwohnern war damals autark. Es gab eine Post, Sparkasse, Kirche, wo regelmäßig eine Messe abgehalten wurde, Kramerladen, Metzgerei, Bäckerei, Gemeindeamt, Wirtshaus, Schmied, Schule für 1. und 2. Klasse, 3. und 4. Klasse und die 5., 6., 7., 8. und 9. Klasse, jeweils in einem Raum mit Klassenlehrer. Das funktionierte sehr gut. Die Lehrer waren sehr geschickt, die Kleinen mit einer Aufgabe zu beschäftigen, während sie mit den Großen Themen behandelten. Wir Kleinen hörten oft sehr interessiert zu bei großen Themen, z.B. Politik, und profitierten davon. Wir wurden kritischer.

Fast zu jedem Haus gehörte eine kleine Landwirtschaft zur Selbstversorgung. Darüber hinaus konnte auch mal ein Kalb oder Schwein, Milch, Getreide oder Holz verkauft werden. Im Hof neben dem Kramerladen wurde im kleinen Lagerhaus freitags in einer bestimmten Zeit Getreide angenommen, teils zum Verkauf oder auch zum Mahlen, und kam als Mehl wieder retour. Da staubte es oft gehörig.

Wenn der Hopfen gepflückt wurde, waren viele Hopfenzupfer da, aus teils weiter entfernten Orten, bis zum Ende der Ernte, ca. 14 Tage. Sie schliefen im Haus und mussten auch verköstigt werden. Das kam bei den Frauen zu ihrer alltäglichen Arbeit dazu. Der eigentümliche Duft von Hopfen lag in der Luft. War vor der

Ernte kein Gewitter mit Hagel gekommen, hatte man eine gute Einkommensquelle, falls doch, waren alle Arbeit und Mühe im Vorfeld umsonst gewesen.
Ein großer Einschnitt für der Kramerladen kam mit Eröffnung des ersten Supermarktes im sieben Kilometer entfernten Ort. Man begann, im Großen und dann auch billiger zu kaufen. Eine Fabrik hatte dort auch eröffnet, wo dann viele arbeiteten und ihre kleine Landwirtschaft aufgaben. Die Felder wurden verpachtet an zwei, drei Großgrundbesitzer. Es blieb kein Feldrandstreifen mehr. Jeder Quadratmeter wurde ausgenützt. Bisher hatte man seine Felder mit Respekt und Weitsicht bearbeitet, denn sie wurden an die nächste Generation weitergegeben. Dies änderte sich. Der Besitzer war nicht mehr der Eigentümer.
Alle brauchten jetzt ein Auto, kamen so zur Arbeit und nahmen Einkäufe von dort gleich mit.
Irgendwann rechnete sich der Laden für die Kramerin überhaupt nicht mehr und sie schloss ihren Laden. Er steht bis heute leer. Ein großer Riss geht durch das Schaufenster und vor der Eingangstür will Unkraut wachsen.
Es findet bereits ein Umdenken statt. Aber es wird noch dauern, bis das in die Tat umgesetzt ist.

Bernadette Dambacher (geb. 1964),
aufgewachsen auf der Ostalb (Baden-Württemberg)

Das Kapellenfest

Das Fundament war feucht und der Putz blätterte ab, viele Fenster waren kaputt, die Bänke verkratzt und der Dachstuhl vom Holzwurm zerfressen. Die Kapelle war in einem miserablen Zustand, jahrelanges Beten und das Ostalbwetter waren nicht spurlos an ihr vorbei gegangen. Es musste etwas geschehen, denn eine Kapelle in einem so maroden Zustand kam zur 200-Jahres-Feier natürlich nicht in Frage. Die Kapelle brauchte eine gründliche Renovierung. Diese und die Vorbereitungen für das Kapellenfest beschäftigten ab sofort das ganze Dorf mehr als ein Jahr.

Es gab zahlreiche Versammlungen zwischen den Dorfbewohnern, dem Kirchengemeinderat und den Vereinen mit hitzigen Diskussionen, ob, was und wie renoviert werden sollte. Und schnell wurde dabei klar: Die Kirchengemeinde hatte nach der kurz davor stattgefundenen Renovierung der Kirche und des Pfarrhauses kaum noch Geld übrig und grundsätzlich auch wenig Interesse

Die Kapelle.

an den Kapellen in den Dörfern. Auch wenn unsere Kapelle klein war und gar nicht alle Bewohner auf einmal reinpassten, war sie sowohl geografisch – an der einzigen Kreuzung liegend – als auch emotional das Zentrum des Dorfes und Versammlungsort. Wollten wir also, dass etwas geschah, mussten wir uns selbst kümmern und es war klar, dass hier alle mithelfen. Selbst die einzige evangelische Familie im Dorf sah das so. Es wurde folglich beschlossen, dass als Erstes im kircheigenen „Heiligenwald" mehr Holz als normal geschlagen würde, um mit dem Verkauf einen Teil der Renovierungskosten zu bezahlen.

Unser kleines Dorf mit circa 100 Einwohnern zählt zu einer Ansammlung von ein paar ähnlich großen Weilern im Umkreis von drei bis vier Kilometern um das größere Hauptdorf mit insgesamt ungefähr 2000 Einwohnern. Dort waren die Grund- und Hauptschule, der Kindergarten, die Kirche, die Pfarrei, der Arzt, drei Läden, eine Bäckerei, ein Metzger und die Raiffeisengenossenschaft. Hier lieferten die Bauern ihre Ernte für die Vermarktung ab, man erwarb dort alles Nötige für die Landwirtschaft und es gab Mietgefrierfächer, in denen auch wir nach der Hausschlachtung das Fleisch einlagerten, bevor wir selbst einen Gefrierschrank im Keller hatten. Wenn man einmal in der Woche mit dem Auto die drei Kilometer ins Dorfzentrum fuhr, dann wurde das so geplant, dass man so viel als möglich auf einmal erledigen konnte. Zu einem Arzttermin kam dann meistens der Einkauf, die Abholung des eingefrorenen Bratens aus dem Gefrierfach oder das Bargeld aus dem Schweineverkauf wurde zur Bank gebracht und auf dem Friedhof musste das Familiengrab versorgt werden.

Natürlich fanden auch dort im Zentrum die Feste der Vereine und alle Veranstaltungen statt. Im Winter in der Turnhalle und im Sommer im Freien oder im Zelt. In unserem Dorf hatte es zu meinen Lebzeiten noch nie ein richtig großes Fest gegeben, daher waren die Aufregung und die Erwartung vor allem der Jugend an das Kapellenfest groß.

Unsere Kapelle war der heiligen Ottilie geweiht, der Heiligen der Blinden. Sie war auf dem Altar abgebildet als hochgewachsene

Nonne. In der einen Hand hatte sie ein aufgeschlagenes Buch, in dem zwei offene Augen abgebildet waren, und in der anderen Hand einen Stab mit einem Kringel am oberen Ende. Ich kann mich noch gut an meine Ehrfurcht als Kind erinnern, wenn ihre eigenen Augen und die im Buch auf die Betenden herabblickten – in dem Fall auf uns kleine Mädchen in der ersten linken Reihe auf der harten Holzbank kniend mit unseren Rosenkränzen.

Rosenkranz beten war eine sehr ernste und wichtige Angelegenheit im dörflichen Kirchenleben und kam nicht von ungefähr. In der vom Hobbyhistoriker der Gemeinde extra zum Kapellenjubiläum verfassten Chronik wird beschrieben, dass die Dorfbewohner nach einer Viehseuche gelobten, täglich gemeinsam den Rosenkranz zu beten. Diese täglichen Andachten weckten den Wunsch nach einer eigenen „Betkapelle", die dann in der zweiten Hälfte des 18. Jahrhunderts in Gemeinleistung und mit Unterstützung des unweit gelegenen Klosters errichtet wurde. Bis vor wenigen Jahren noch wurden Bittprozessionen durch die Felder durchgeführt mit den unterschiedlichen Rosenkranzvarianten: die beliebtesten waren der Schmerzhafte, der Freudenreiche und der Glorreiche.

Rosenkranz beten war für Kinder eine schreckliche Veranstaltung, eine halbe Stunde stillsitzen oder sogar knien und Reim um Reim runterrattern. Im Mai, dem Marienmonat, waren es besonders viele, nämlich jeden Sonntagnachmittag. Es gab viele weitere Anlässe oder Situationen, bei denen nur Rosenkranz beten half: zu wenig Sonne im Frühjahr, zu wenig Regen im Sommer, Hagel und Stürme, die die Ernte zu vernichten drohten, oder wenn sonstiges Unheil nahte. Lag jemand im Sterben, schickte die Mesnerin ein Kind von Haus zu Haus: „Der oder die Sowieso liegt im Sterben, kommt zum Rosenkranzbeten nach dem Stall." Und wenn jemand dann tatsächlich gestorben war, musste man beten, dass er oder sie in den Himmel kommt.

Man konnte es nicht erwarten, bis das Beten endlich vorbei war, denn danach durfte man mit den anderen Kindern eine Weile um die Kapelle herum Fangen spielen oder wir Mädchen Seilhüpfen, während die Männer rumstanden und bei ein paar Zigaretten den neuesten Dorftratsch austauschten. Gab es sehr wichtige Dinge zu diskutieren, blieben auch die Frauen.

Die Kapelle war entsprechend immer auch Mittelpunkt für Neuigkeiten oder Gespräche und überhaupt eine Möglichkeit sich zu treffen, ohne in der Wirtschaft zu sitzen. Zu besprechen gab es immer genug in Zeiten ohne sonstige Kommunikationsmittel und insgesamt wenigen Möglichkeiten sich zu treffen. Bauernhofarbeit war ja meistens eine einsame Angelegenheit, wenn man von Kühen, Schweinen und Hühnern als adäquaten Gesprächspartnern absieht.

Unsere äußerst pflichtbewusste und engagierte Mesnerin sorgte nicht nur dafür, dass die Kapelle blitzsauber war, die Altartücher und die Gewänder für den Pfarrer gewaschen und gebügelt, sondern auch für die reibungslose Durchführung der Gottesdienste und Rosenkranzgebete. Bei diesen war ja kein Pfarrer anwesend, d.h. die Mesnerin wählte die passende Rosenkranzvariante, stimmte die von ihr ausgesuchten Lieder an und gab wichtige Mitteilungen und Informationen mündlich für alle bekannt. Sie läutete die Glocke zum Mittag und Abend – bis zum Kapellenfest von Hand, danach gab es eine elektrische Anlage, der sie allerdings nur bedingt traute. Immer gab es frische Blumen, arrangiert in großzügigen Sträußen und Gestecken. Hatte sie keine eigenen mehr in ihrem Garten, ging sie von Haus zu Haus oder man brachte sie ihr persönlich vorbei.

Kapellendienst war also die neue Parole, die den ganzen Herbst und Winter vor dem für Mai geplanten Fest bestimmte. Während die Männer Arbeitsdienste auf der Kapellenbaustelle zu leisten hatten und dort das Dach erneuerten, neue Fenster einbauten und das Fundament trockenlegten, nähten, häkelten, strickten und werkelten die Frauen für den Basar und die Tombola. So entstanden Schürzen, Sofakissen, Wandbehänge, Makramee-Ampeln, Socken und andere mehr oder weniger nützliche Gebrauchsgegenstände und Dekorationsobjekte. Bis heute nutze ich die gehäkelten Topflappen von damals, denn sie erfüllen ihren Zweck auch nach jahrelangem Gebrauch noch ganz wunderbar und sind immer noch „pfennigguat"! Basare waren in der Zeit beliebte „Märkte", um für Wohltätigkeitszwecke – in diesem Fall die Renovierung der Kapelle – Geld zu sammeln. Werden heute gebrauchte, nicht mehr benötigte Dinge oder Fehlkäufe für den guten Zweck gesammelt, wurden die Dinge damals extra für den Verkauf hergestellt. Überfluss auf dem Land gab es nicht. Wenn etwas nicht mehr gebraucht wurde oder nicht mehr benutzt werden konnte, dann war es meistens mehrfach repariert oder wirklich kaputt.

Ehrenamt als solches war in unserer Familie nichts Neues, ganz im Gegenteil. Mein Vater war Vorstand im Kegelclub und meine Mutter Vorstand im Frauenverein. Es war völlig selbstverständlich, dass auch wir Kinder uns einbringen und am Dorfgeschehen teilnehmen sollten. Jeder musste einen Sport ausüben und ein Instrument spielen lernen. In unserem Fall war das für alle Kinder das Akkordeon, unterschiedliche Wunschinstrumente waren nicht vorgesehen. Vor allem kamen auch Blasinstrumente nicht in Frage, weil die Blaskapelle im Sommer an Wochenenden auf den Dorffesten spielte und da waren wir natürlich unabkömmlich auf dem Hof und hatten Arbeits- bzw. Erntedienst. Das Akkordeonorchester hatte nur einen Auftritt pro Jahr im Winter, das schien für unsere Eltern ideal. Selbstverständlich - und von den Eltern sehr gern gesehen - beteiligten wir beiden großen Schwestern uns auch in der katholischen Jugendgruppe, die von unserem in der Kinder- und Jugendarbeit engagierten jugoslawischen Pfarrer sehr gefördert wurde.

Ehrenamtliches Mithelfen bei Festen, beim Kuchenbacken, Gästebedienen, Thekendienst, Vorturnen für die Vereinskasse, all dies hatten wir alle also schon oft geleistet. Aber eben im Hauptdorf, von einem der Vereine organisiert und nicht auf uns selbst gestellt in unserem kleinen Weiler mit den paar wenigen Leuten, die wir waren.

Je näher der Termin für das Fest rückte, desto konkreter wurden die Aktivitäten und die Diskussionen lauter. Wer erschien mal wieder nicht zu seinem Arbeitsdienst? Wer stellte sich besonders ungeschickt an? Wer wollte immer das Kommando führen, ohne Ahnung zu haben? Denn das Kommando wurde je nach Tätigkeit weitergegeben: Waren Schreinerarbeiten dran, dann war das der Neffe vom Soundso, bei Maurerarbeiten wurde entsprechend jemand anderes mit Kompetenz verpflichtet usw. Und warum mischten sich ständig die Kirchengemeinderäte ein, die doch anscheinend qua Amt nur für die große Kirche im Dorfzentrum zuständig waren und auch keinen erkennbaren Arbeitsbeitrag leisteten? Sie wollten die schönen alten Holzbänke aus Eiche, die Treppe zur Empore und den Altarstein rauswerfen und alles komplett neu bauen. Da hatten sie aber nicht mit der Mesnerin und den energischen Frauen des Dorfes gerechnet, denn die wollten ihren wertvollen Altar mit der Ottilie und dem durchgehend handbehauenen Altarstein erhalten. Und so kam es auch!

Und wieso dachte man in dieser illustren Ratsrunde und in der Arbeiterschaft, jeder Bauernhof sollte ein Schwein stiften - denn auf ein Schwein mehr oder weniger kam es ja nicht an, oder? –, während die Arbeiterfamilien „nur" ihre Arbeitsleistung zur Verfügung stellten. Aus Sicht der Bauern hatten doch die Arbeiter ein luxuriöses Leben mit geregeltem Feierabend und freien Wochenenden, an denen könnten sie doch mehr in der Kapelle arbeiten. Denn die Bauernfamilien mussten sich ja jede Stunde extra für die Kapelle von der sowieso schon vielen Arbeit auf dem Hof abknapsen. Es gab kein anderes Thema mehr und die Zeit wurde immer knapper und die Gefahr, dass die Baustelle nicht fertig wurde, immer größer.

Auf unserem Hof gab es den größten und verkehrstechnisch am besten gelegenen Maschinenschuppen, der nach und nach zum Mittelpunkt aller Aktivitäten und zu Ehren meiner Mutter Franziska in „Franziskanerschuppen" umbenannt wurde. In den Wochen vor dem Fest wurde er in mehreren gemeinsamen Aktionen ausgeräumt und unsere Maschinen, Traktoren, die großen Erntewagen sowie der Mähdrescher bei den anderen Bauern untergebracht. Von der letzten Ernte war Anfang Mai nicht mehr viel übrig, sodass es auch überall Platz gab. Die Scheune wurde gefegt, die Spinnweben von der hohen Decke entfernt, eine Bühne, die Küche und mehrere Theken für Getränke und Essensausgabe aufgebaut. Die Wände wurden mit alten Landwirtschaftsgeräten „behängt", von denen jeder noch irgendwo eines in einer Scheune oder auf dem Dachboden versteckt hatte. Alte Rechen, Harken, Wagenräder aus Holz, Milchkannen, Saatschüsseln aus Blech und alle möglichen historischen Geräte, die dann die Frauen zum Fest mit frischen grünen Zweigen und den ersten blühenden Blumen schmückten. Ganz zum Schluss halfen die Kinder und Jugendlichen dann noch, die Biertische und -bänke aufzustellen. Es gab für jede und jeden eine Aufgabe. All diese Aktionen wurden so geplant, dass sie mit einem gemütlichen Ausklang und einem Bierchen, einem selbst gemachten Likör oder einer Bluna für die Kinder kombiniert werden konnten, und so ergaben sich schon viele kleine „Vorfeste" und Treffen, die davor sonst kaum stattgefunden hatten. Dabei wurde festgestellt, dass man auch eine Lösung für die Entsorgung all dieser konsumierten Getränkeeinheiten finden musste. Durch einen nicht mehr nachvollziehbaren Zufall trieb jemand einen alten ausrangierten Klo-Wagen auf, den die Jugend auf Vordermann brachte und bunt anstrich. Für heutige Verhältnisse etwas unkonventionell erfolgte beim Fest die Ableitung in unsere Güllegrube. Von da an hatten wir unseren eigenen Klo-Wagen im Dorf, der bei weiteren Festen in der ganzen Umgebung sehr beliebt war und vermietet werden konnte.

Am Freitag und Samstag in der Festwoche versammelten sich die älteren Frauen alle in ihrer Einheitstracht mit mindestens einem Schurz über dem Kittelschurz, dicken Strumpfhosen und einem Kopftuch über den Haaren in unserer Waschküche. In dem mit Holz befeuerten Kessel, in dem normalerweise die Kartoffeln für die Schweine gekocht wurden, dampften sie diesmal für den Kartoffelsalat. Stundenlang schälten und schnitten die Frauen die noch heißen Kartoffeln - der schwäbische Kartoffelsalat wird mit warmen Kartoffeln angemacht - und mischten den Salat in Waschzubern mit den Armen bis zu den Ellbogen im Kartoffelmatsch. Für das große Mittagessen am Sonntag wurde eine Kartoffelsalat-Nachtschicht eingelegt. Auf ähnliche Weise wurde auf einem anderen Hof in einem nicht mehr benötigten Waschkessel das ganze Wochenende Sauerkraut gekocht und frisch und heiß in die Festhalle geliefert.

Das Fest sprengte alle Dimensionen und Erwartungen! Der Dauerregen hörte am Donnerstagabend auf, die Sonne schien drei Tage, so sehr sie konnte. Zum Schlachtfest mit Bieranstich am Freitag strömten die Menschenmassen und das Bier. Zur Kapellenweihe am Samstagabend - durchgeführt vom Abt des nahen Klosters wie vor 200 Jahren die Gründungsmesse - standen die Leute dichtgedrängt in der frisch renovierten, noch nach Farbe riechenden, hübschen Kapelle und draußen auf der für den Verkehr gesperrten Straße. Die heilige Ottilie strahlte für alle über ihren Heiligenschein hinaus und drückte mindestens ein Auge zu beim Anblick des anschließenden Alkoholkonsums! Der Abt war bis weit in die Nacht anwesend und gab bei der Verabschiedung zu: „So lange war ich in meinem ganzen Leben noch nie auf einem Fest!"

Zum Festgottesdienst am Sonntag im festlich geschmückten Franziskanerschuppen mit mehreren Pfarrern aus den umliegenden Kirchengemeinden kamen Hunderte von Menschen. Meine Schwester und ich waren stolz, bei so einem Ereignis als

Lektorinnen die Fürbitten lesen zu dürfen. Es gab an allen Tagen ein vielseitiges Programm, durchgeführt von den örtlichen Vereinen: Große Reden wurden geschwungen, der Gesangverein und der Kirchenchor sangen zusammen, der Sportverein glänzte mit Tanzeinlagen, es wurde ein kleines Laientheater aufgeführt, der Musikverein spielte und bis weit nach Mitternacht wurde gesungen und getanzt. Zahlreiche Mitglieder aller Vereine halfen umsonst in der Küche, an der Theke, bei der Bewirtung, bei der Kuchen- und Kaffeeausgabe, als Parkwächter und bei all den vielen kleinen Aufgaben, die so eine große Veranstaltung erfordert.

Der Reiterhof aus dem Nachbardorf veranstaltete Ponyreiten für die Kinder und der Schäfer spendete einen Hammel für den Hammeltanz, bei dem der Gewinner den Hammel mitnehmen durfte.

Insgesamt erschienen über das ganze Wochenende mehr als 5000 Leute, verspeisten neun Schweine – allein 1200 Schnitzel am Sonntag –, einen Ochsen, zentnerweise Kartoffelsalat und Sauerkraut und 120 gespendete selbst gebackene Kuchen. Das Bier ging am Samstagabend aus und musste von unterschiedlichen Brauereien für Sonntag neu geliefert werden.

Nie mehr wieder gab es so einen Zusammenhalt in unserem Dorf, so viel Gelächter, so viel Getratsche, nie mehr wieder versorgten wir zusammen ein komplettes Wochenende lang die ganze Umgebung und nie mehr wieder tanzten Alt und Jung die halbe Nacht in der Scheune. Als eines der kleinsten Dörfer hatten wir einen Standard gesetzt, an dem sich die folgenden Kapellenfeste in den anderen Dörfern messen mussten, und wir waren stolz darauf!

Magdalene Kermelk-Ziegler (geb. 1953), aufgewachsen in Derscheid im Bergischen Land (Nordrhein-Westfalen)

Hoher Besuch

„Der Pater kommt Ende der Woche", sagte Mama beiläufig.
„Wann?" Omas Gesicht hob sich, ihre Miene ein großes Fragezeichen.
„Übermorgen, am Freitag, Steinmanns Josef hat Bescheid gesagt."
„Dann müssen wir morgen gründlich putzen", überlegte Oma und schaute mich dabei an.
„Da kannst du mir helfen, ja?"
„Aber dann darf ich auch die Blumen machen!", rief ich.
„Natürlich darfst du das, wer denn sonst?"
Als ich am nächsten Tag von der Schule kam, standen die Wohnzimmerfenster weit offen, die frisch geputzten Scheiben glänzten in der Mai-Sonne. Der Teppich lag aufgerollt im Hausflur, davor standen die sechs Stühle, immer zwei aufeinandergestapelt. Es roch nach Schmierseife. Oma kam von ihrem Mittagsschläfchen die Treppe herunter.

„Ich hab schon geputzt, das war aber auch nötig! Ich glaube, seit Weihnachten haben wir da drinnen nicht mehr sauber gemacht."

Ich beeilte mich mit dem Essen und dann machten wir uns an die Arbeit. Räumten Teppich und Möbel wieder an ihren Platz, ebenso die Pflanzen auf den Fensterbänken und zogen die weißen Gardinen sorgfältig vor die Fenster. Oma suchte im Schrank das schönste weiße Leinentischtuch heraus, breitete es auf dem Tisch aus und strich die Liegefalten glatt.

Inzwischen holte ich das Kreuz mit dem Standsockel aus dem Elternschlafzimmer und die Marienstatue vom Vertiko. Beide stellte ich auf den Tisch, dazwischen den flachen Messingständer mit der dicken weißen Kerze, die wurde nur zum Paterbesuch angezündet.

Aus der Glasvitrine des Wohnzimmerschranks nahm ich zwei von den geschliffenen Weinbechern, die würde ich als Blumenvasen verwenden.

Draußen schaute ich mich suchend in Mamas Blumengärtchen um. Da blühte gelber und dunkelroter Goldlack, Vergissmeinnicht, sogar noch ein paar späte weiße Narzissen. Dazu noch Zweige vom Jasmin, die schon erste Knospen zeigten. In der Küche ordnete ich die Blumen gleichmäßig in den Gläsern und stellte sie auf den Tisch, nun sah er richtig festlich aus.

Jetzt konnte der Pater kommen!

Am Freitagabend fingen wir etwas früher mit der Stallarbeit an, damit Mama um halb acht auch pünktlich fertig sein würde. Papa machte die restliche Arbeit, er nahm als Evangelischer nicht an der Andacht teil. Um viertel nach sieben kamen schon die ersten Besucher: Anna und Josefa, die grauhaarigen Zwillingsschwestern,

sie setzten sich rechts und links von Opa, der sich den besten Sessel gesichert hatte und seine langen Beine weit von sich streckte.
Ziska kam von nebenan und hatte extra ihre weiße Sonntagsschürze umgebunden. Bei Heinrich hingen noch ein paar Strohhälmchen an der Strickjacke und Trude setzte schon mal ihre Andachtsmiene auf, beide rochen nach Kernseife. Steinmanns Peter und Sohn Josef nahmen die speckigen Hüte ab, ihre Haare hatten sie mit Wasser straff nach hinten gebürstet. Alle blieben noch vor unserer Haustür in der Abendsonne stehen und Oma begrüßte sie. Peter sagte: „Gruß von Anna, sie wollte auch gern mitkommen, aber du weißt ja, ihre Beine machen nicht mit, sind wieder offen, so schlimm." Traurig schüttelte er den Kopf und Oma versprach: „Da nimmst du ihr nachher vom Weihwasser mit, das wird ihr guttun."
Von der anderen Seite des Zaunes, der seit einiger Zeit auf der Grenze zwischen unserem und dem Nachbargrundstück stand, spähte Trinchen durch einen Türspalt zu uns herüber. Sie wäre sicher auch gerne zur Andacht gekommen. Aber ihr Mann erlaubte es nicht. Nach einem lautstarken Streit mit Opa über den Grenzverlauf hatte er voller Wut den Zaun gezogen und seiner Frau jeglichen Kontakt zu uns verboten. Jetzt rief er so laut aus dem Hinterzimmer, dass wir alle es hören konnten: „Was hast du da zu horchen? Mach die Tür zu, zum Donnerwetter!"
Inzwischen bog auch schon der Pater mit seinem Fahrrad um die Hausecke, sein Gesicht gerötet vom anstrengenden bergauf Schieben. Obwohl er schon einige Jahre im Kloster Schönenberg lebte, hatte er sich immer noch nicht an die vielen Hügel im Bergischen Land gewöhnt. Er lehnte das Rad an die Hauswand und nahm seine Aktentasche vom Gepäckträger.

„Guten Abend, Herr Pater, schön, dass Sie uns wieder einmal besuchen“, Oma begrüßte ihn respektvoll, nahm seine Tasche und sie gingen ins Haus, nachdem der Pater freundlich nickend die anderen Besucher begrüßt hatte. Die plauderten noch miteinander: „Hast du schon die Kartoffeln gesteckt?“ „Nein, der Acker ist noch nicht abgetrocknet.“ „Habt ihr schon die Rinder auf der Weide?“ Nun kamen noch ein paar späte Besucher, Traudchen und Anton und drei Kinder.

„Kommt jetzt rein“, sagte Mama, „die Kinder sitzen auf der Eckbank.“ Wir drängelten uns zusammen und es passten leicht sieben Kinder auf die breite Bank, auf der sonst höchstens drei Erwachsene Platz hatten. Die Stühle reichten nicht aus für die Großen und Mama holte rasch noch den Hocker aus dem Badezimmer. Zwei mussten auf dem schmalen Ofenbänkchen sitzen.

Inzwischen hatte Oma dem Pater in der Küche seinen Mantel abgenommen und ihm geholfen, sein weißes Messgewand mit dem breiten Spitzensaum überzuziehen. Mit dem Gebetbuch in Händen betrat er jetzt würdigen Schrittes das Zimmer und wir erhoben uns alle.

„Wie heißt er eigentlich?“, fragte mich Luci hinter vorgehaltener Hand flüsternd.

„Weiß ich nicht genau“, flüsterte ich zurück, „wir nennen ihn Pater Sippius.“

„Heißt er wirklich so?“, wollte Luci wissen.

„Ich glaube nicht, aber es klingt so schön lateinisch, das passt doch zu ihm.“

Oma war an der Zimmertür stehen geblieben, schaute mahnend zu uns herüber und legte den Zeigefinger auf ihre geschlossenen

Lippen. Augenblicklich verstummten wir und falteten die Hände. Zum Beginn der Andacht stimmte der Pater passend zum Monat Mai ein Marienlied an: „Maria zu lieben“, und wir stimmten alle freudig ein. Dann beteten wir den glorreichen Rosenkranz, die Erwachsenen konnten alles auswendig, ich hatte Mühe und versuchte, Oma die Worte von den Lippen zu lesen.

Nach dem Rosenkranz erzählte der Pater von seiner letzten Wallfahrt nach Fatima. Jedes Jahr reiste er in die portugiesische Stadt, um „unserer lieben Gottesmutter noch näher zu sein“, wie er sagte. Er berichtete von den Strapazen der zweitägigen Bahnfahrt, von dem dürftigen Schlafplatz bei völlig fremden Menschen, dem leuchtenden Kerzenmeer in der Wallfahrtskirche und vor allem von der Schönheit der lebensgroßen Marienstatue, angetan mit einem strahlend weißen Gewand. Und in dem Moment passierte, was wir schon einige Male erlebt hatten: Mitten im Satz stockte seine Stimme, sein Gesicht überzog sich mit einem wehmütigen Lächeln, seine Augen leuchteten und füllten sich dann mit Tränen. Werner, der neben mir saß, stieß mir sachte in die Rippen und flüsterte grinsend: „Jetzt hat er wieder seine Erscheinung!“

„Glaubst du wirklich?“, fragte ich hastig. Er zuckte die Achseln. Wir saßen alle reglos und warteten, bis der Pater nach ein paar Minuten leicht den Kopf schüttelte, sich mit seinen schmalen weißen Händen über die Augen wischte und wieder bei uns war. Er setzte seine Erzählung fort und beschloss sie mit dem „Vaterunser“. Zuletzt stimmte er noch ein Lied an: „Maria, breit den Mantel aus“, und dann erwarteten wir den Segen. Dazu rutschten wir Kinder von der Eckbank runter auf den Teppich, hockten auf den Knien, rempelten uns an und kicherten im Schutz des herabhängenden

Tischtuches. Nach dem Segen verabschiedete sich der Pater mit einem Gute-Nacht-Gruß in die Runde und wandte sich zur Tür, die Oma ihm aufhielt.

In der Küche kleidete er sich wieder um, und bevor er sein Gewand in der Tasche verstaute, nahm er eine kleine Flasche Weihwasser heraus und reichte sie Oma mit den Worten: „Die heiligste Jungfrau Maria beschütze Sie und Ihre ganze Familie."

„Danke, Hochwürden", sagte Oma und stellte die Flasche behutsam auf das Küchenbuffet.

Im Wohnzimmer hatte Mama inzwischen das Tablett mit den kleinen Gläschen und die Flasche mit dem aufgesetzten Johannisbeer-Likör auf den Tisch gestellt und jeder, der wollte, bekam ein Schlückchen zum Abschied. Wir Kinder kickten vor der Haustür im Schein der Hoflampe noch eine Weile mit meinem Ball hin und her. Endlich kam der Pater aus dem Haus, klemmte seine Tasche sorgfältig auf den Gepäckträger und schwang sich trotz seines langen Mantels sehr behände aufs Fahrrad. „Gelobt sei Jesus Christus", rief er uns mit grüßend erhobener Hand über die Schulter hinweg zu und wir antworteten laut: „In Ewigkeit. Amen!"

Dann verschwand das rote Fahrradrücklicht in der Dämmerung.

Petra Döhler (geb. 1963), aufgewachsen in Ferdinandshof (Mecklenburg-Vorpommern)

Arm wie ein Schneider

Kalt sind die Winternächte in Vorpommern ... sehr kalt, bis minus 25 Grad waren im letzten Jahrhundert keine Seltenheit. Wenn ich in den Ferien bei meiner Omi übernachtete, kam es nicht selten vor, dass auf dem Nachttisch im Schlafzimmer das Trinkwasser im Blechbecher gefroren war. Auf den Federbetten bildete sich ein Belag aus Raureif und zum Püschern musste man in die unteren Räume auf einen Eimer gehen, weil die Porzellantöpfe im Schlafzimmer bei solch einem Frost gesprungen wären. Es wurde zwar ein kleiner „Glutos Ofen" im Schlafzimmer betrieben, aber wenn das Feuer aus war, was meistens um Mitternacht der Fall war, wurde es kalt – bitterkalt!

Wenn ich dann an Sprichwörter aus meiner Kindheit denke, kommen mir folgende Redewendungen sofort in den Sinn; „Ich friere wie ein Schneider" oder „Arm wie ein Schneider". Sicher kommen diese Bezeichnungen aus der Lebenswelt vorheriger Generationen, in denen Schneider selten genug zum Lebensunterhalt verdienten und in der geachteten Hierarchie weit unten standen. Aber den tieferen Sinn habe ich in diesen kalten Winternächten bei Omi Anni verstanden.

Omi Anni wurde als viertes und jüngstes Kind einer Hausfrau und eines Dachdeckers 1914 in einem vorpommerschen Dorf geboren. Mit knapp 18 Jahren verlor sie beide Eltern kurz hintereinander und behielt einzig und allein eine kleine Haushälfte, die ihr die Eltern hinterlassen hatten.

Um sich zu ernähren, ging Anni im Dorf zu einer Schneiderin in Stellung. Viele Möglichkeiten hatten Mädchen in der Zeit nicht, ihren Lebensunterhalt zu verdienen. Ausbildungsmöglichkeiten im klassischen Sinn einer Lehre gab es nicht. Entweder man heiratete, man lebte auf einem Bauernhof bei seinem Bruder als Magd oder ging in Stellung. Annis ältere Schwester arbeitete in Berlin in Stellung, was nichts anderes bedeutete, als bei reichen Leuten für wenig Geld Kost und Logis zu haben und dafür den gesamten Haushalt zu führen. Anni konnte nicht fort, sie pflegte eine anverwandte Nachbarin und hatte ja das Haus, um das sie sich kümmern musste. Dieses Haus bedeutete jedoch auch Sicherheit. Sie hatte damit eine Heimat und Schutz vor Obdachlosigkeit.

Bei Schneiderin Kollwitz lernte Anni die Grundbegriffe des Ausbesserns von Kleidung, des Nähens von neuen Stücken und vor allem des „Anstückelns". Anstückeln war mir von Kindheit an ein Begriff, der mich grauste. Angestückelt wurde alles, was zu kurz oder zu eng war. Da ich immer ein verhältnismäßig großes, aber schmales Kind war, war bei mir alles immer zu kurz. Dann wurden Streifen unten an die Hosenbeine angenäht und auch

Omi Anni 1934 auf einem Ausflug.

Blusen und Kleider erhielten als „Schmuck" Rüschen, Streifen, Einsätze in der Taille und wurden damit auf meine Länge „zugeschneidert".

Erstaunlich für heutige Zeiten war für mich der Gedanke, dass in so einem kleinen Dorf von vielleicht 300 bis 400 Einwohnern mehrere Schneider, Schuster und auch Tischler ihr Brot verdienten.

Aber zu der Zeit wurde praktisch nichts „fertig" gekauft. Man brachte sich aus der nächsten Stadt Anklam oder Friedland abgemessenen Stoff mit und ließ sich ein Kleidungsstück beim Schneider anfertigen.

Meine Omi Anni schneiderte in ihrem Wohnzimmer. Alle Familienmitglieder hatten zusammengelegt, um Anni eine gebrauchte SINGER Nähmaschine zu kaufen - damals noch mit Tretantrieb. Diese stand im Wohnzimmer neben dem großen Esstisch. Nächtelang hat Omi Anni hier gewerkelt. Auf dem Esstisch wurden die Stoffe ausgelegt, gebügelt und die einzelnen Teile zugeschnitten.

In meiner Erinnerung roch es ab den 70er Jahren oft ein wenig nach „Westpaketen" - denn nicht wenige der Kunden bekamen von der Verwandtschaft aus dem Westen Stoffe geschickt, die dort billig von den Wühltischen für die Ostler erstanden wurden. Diese Stoffe hatten dann den Geruch von Albrechtskaffee und Lux-Seife aus den Paketen angenommen und rochen einfach wunderbar.

Unausgesprochenes Gesetz war bei Omi Anni, nie ohne Pantoffeln im Haus herumzulaufen. Zu groß war die Gefahr, auf eine der runtergefallenen Stecknadeln zu treten und sich damit ernsthaft zu verletzen.

Omi Annis großer Traum in den 1940er Jahren war es, mit ihrem Mann Franz Kondegorski, der Konditor gelernt und eine Meisterausbildung hatte, nach dem Krieg eine Bäckerei aufzumachen. Verkäuferin im eigenen Laden zu sein, das war ihr bescheidener Lebenswunsch.

Weihnachten 1940 vor der großen Russlandoffensive kamen viele Soldaten noch einmal nach Hause. Im September 1941 wurden daher sehr viele Kinder geboren, so auch meine Mutter Erika, Omi Annis einzige Tochter. Opa Franz galt im Krieg als verschollen.

Erst als ein Kriegskamerad meines Großvaters eine eidesstattliche Todesanzeige machte, bekamen sie für Erika wenigstens eine kleine Halbwaisenrente. Damit gab es keinen Lebenstraum mehr und es ging ums blanke Überleben.

Omi Anni ging neben ihrer Tätigkeit als Näherin stets auch zu den umliegenden Bauernhöfen, um in der Ernte auf dem Feld zu helfen. Etwas zu essen war der Lohn. Auch Torfstechen war so eine Tätigkeit, mit der etwas Bargeld und natürlich „Brennstoff" für den Winter hereinkam.

Hauptsächlich aber lebten Omi Anni und ihre Tochter von allem, was im weiteren Sinne mit Stoffen zu tun hatte.

In dieser Zeit kamen unzählige Flüchtlinge in die Orte Ostdeutschlands. Die Flüchtlinge aus Hinterpommern, Ostpreußen und Schlesien wurden durch die russische Kommandantur den Dörfern zugeteilt und von den Bürgermeistern vor die einzelnen Gehöfte gebracht. Ein Ablehnen kam nicht infrage. So „wuchs" das Dorf in kurzer Zeit auf 830 Menschen an. Jede Kammer wurde zur Unterbringung genutzt, selbst auf Dachböden und in Stallungen mussten monatelang Menschen hausen, nur um überhaupt ein Dach über dem Kopf zu haben. Und genauso schlimm war es auch um die Versorgung mit Nahrung bestellt. Die besser gestellten Bauern hatten Ablieferungssolls und konnten es sich oft leisten, darüber hinaus von den Flüchtlingen für Brot das Letzte an Geld und Schmuck zu verlangen. Omi Anni erzählte oft voll Abscheu, wie einer der Großbauern damit geprahlt hatte, einen ganzen Schuhkarton mit Schmuck zusammengeschachert zu haben. Aber in dieser Zeit war sich jeder selbst der Nächste.

Omi Anni mit Mann Franz und Tochter Erika Sommer 1943.

Mit der Menge Menschen wuchs die Aufgabenvielfalt von Omi Anni. In der Zeit wurde praktisch alles mit Naturalien bezahlt. Eine Bekannte hatte in Anklam vom Fliegerhorst Fallschirmseide „ergattert". Omi nähte daraus für so viele Mädchen im Dorf Blusen und Röcke.

Wer von gefallenen Angehörigen wusste, nahm dessen zivile Kleidung und brachte sie zu Omi Anni zum Ändern – entweder für sich selbst oder zum Tausch gegen Nahrungsmittel.

Aus dieser Zeit stammte auch für meine Mutter eine Winterjacke aus einem Trainingsanzug des Vaters, der nun nicht mehr wiederkam. Man kann sich vorstellen, wie sehr so ausgehungerte Kinder in der schlechten Kleidung gefroren haben mussten.

Mein Vater, der vom Krieg als Flüchtlingsjunge aus Hinterpommern in dieses Dorf gespült wurde, erzählt heute noch, dass er die Winter teilweise den ganzen Weg zur weit draußen liegenden Bäckerei nur vor Kälte geweint hat. Kälte und Hunger sind so stark in großen Teilen der Generation Kriegskinder verankert, dass man es heute noch spürt, wenn man gemeinsam ans Hotelbuffet tritt oder aber sie beim Einkaufen in den Supermärkten beobachtet.

Aber für Omi Anni gab es kein Klagen und Barmen, das Leben war zu hart, um darüber nachzudenken. Anfang der 50er Jahre führte sie neben der Näherei auch einen Laden in ihrem Wohnzimmer. Von der staatlichen Versorgungsstelle bekam sie Waren wie Stoffballen, Schuhe, Kleinmaterial für Haus und Hof zum Weiterverkauf. Aus der Nachbarschaft hatte sie sich Regale zusammengebettelt und schon stand der Laden.

Mit dem räumlichen Denken von heute ist das praktisch nicht mehr vorstellbar. Die Wohnstube war etwa 3,5 mal 3,5 Meter groß. Hier fanden der Laden, der Arbeitsplatz mit Nähmaschine und eine Schlafgelegenheit für meine Mutter Platz. Die Kammer war mit Omi Anni belegt, die eigentliche Bodenschlafkammer mit einer Flüchtlingsfamilie, die Speisekammer mit Omis Schwester, die schwerkrank aus der Berliner Stellung entlassen worden war. Dazu gab es eine winzige Küche und ein Holzklo am Stall.

Mehrere Jahre betrieb Omi Anni also diesen Laden und nähte gleichzeitig aus den verkauften Stoffen Kleidung für alle Menschen im Dorf. Wenn es Rente und staatliche Bezüge gab, strömten die Leute zu „Tante Anna", wie sie auch genannt wurde, in „de gode Stuv" und kauften ein.

Lustig war es dann, wenn aus demselben Stoff die eine eine Bluse trug, die nächste eine Schürze, eine weitere ein Kleid und notfalls die Männer auch mal ein Oberhemd. Omi Anni konnte alles nähen. Sie hatte aus allen Zeiten die Modezeitungen aufgehoben und auch die daraus ausgeradelten Schnittmuster.

Damals gab es zu jedem Modeheft einen Schnittmusterbogen, der für Uneingeweihte aussah wie Stadtpläne, die übereinandergelegt waren. Jedes Modell hatte eine andere Kennzeichnung der Linienführung und mit einem kleinen Metallrädchen fuhr man die Linien des Schnittmusters nach, sodass sich die klitzekleinen Löcher auf eine daruntergelegte Zeitung durchdrückten. Dann schnitt man an den Linien die Teile aus und hatte den fertigen Schnittmusterbogen. Diese Schnittmuster wurden sorgsam beschriftet mit Größe, Anlass und Kunden und konnten somit vielfach verwendet werden.

Man breitete nun den Stoff aus, bügelte ihn sauber glatt und steckte die Schnittmusterteile sorgsam so dicht wie nur möglich auf den gefalteten Stoff. Aus jedem Reststückchen konnte dann immer noch etwas Nützliches genäht werden. Und wenn es „nur" ein Taschentuch oder zu Weihnachten ein Puppenkleid war – weggeworfen wurde nichts.

Aus dieser Zeit stammten auch noch großen Lappen ähnliche Stofftücher, die meiner Mutter und anderen Frauen mit dem Hinweis „taun unnerlägen" mitgegeben wurden.

Erst als erwachsene Frau kannte ich den geheimen Bestimmungszweck. Das wurde beim Beischlaf unter die Frau gelegt, um das Laken schön sauber zu halten. Denn üblicherweise wurde die Bettwäsche frühestens nach einem Monat gewechselt und ein fleckiges Laken hätte keinem gefallen.

Nach dem Krieg kamen die Menschen langsam zur Ruhe und es setzte sich ein Drang nach Fröhlichkeit und schlichter Lustbarkeit

durch. Die Menschen wollten vergessen und ausgelassen feiern. Aus dieser Zeit stammen Omi Annis tolle Kreationen von Faschingskostümen. Das halbe Dorf ließ sich dazu was Originelles bei „Tante Anna“ nähen. Kosten durfte es ja eigentlich nichts und guter Stoff durfte nicht verschwendet werden. Aber trotzdem zogen aus Omi Annis Wohnstube unzählige verkleidete Personen in den nahen Ballsaal.
Als lustige Begebenheit erzählt meine Mutter heute noch, dass auch viele Menschen aus dem Nachbarort zum Umziehen zu Omi Anni kamen. Damals war es modern, die Faschingsfeiern als Maskenball zu organisieren, sodass man maskiert hinging und den ganzen Abend mit Maske tanzte. Erst nach Mitternacht wurden die schönsten und originellsten Maskenträger prämiert und man gab seine Identität preis.
Nun begab es sich aber, dass Omi Anni noch bis weit in den Beginn der Veranstaltung Leute zurecht machte und damit gar nicht zum Maskenball gehen konnte. Ihre Schwester Hermine jedoch trug ein wunderschönes Kostüm und amüsierte sich den Abend gut. Es war verabredet, dass Omi Anni kurz vor Mitternacht auch noch etwas vom Fest haben und das Kostüm übernehmen sollte. Gesagt, getan, die letzte halbe Stunde tanzte Omi Anni weiter. Nun kam es zur Prämierung … und was für mich nicht verwunderlich klingt, das Kostüm von Schneiderin Anni war das schönste und wurde prämiert. Nun hatten aber einige Burschen vorher mit Hermine getanzt und sich auch einige Hoffnungen gemacht. Die schauten dann doch verblüfft, als Omi Anni die Maske herunternahm. Geglaubt hatte es keiner, dass sie den Abend das Kostüm anhatte, aber einen Reim darauf konnte sich auch keiner machen. Lange

nach Hermines frühem Tod hat Omi Anni über diesen Scherz immer noch geschmunzelt.

Interessant fand ich als Kind immer die Beschreibung, dass Omi Anni von ihrer Mutter auch das „Amt“ einer der Kochfrauen im Dorf übernommen hatte. Eine Kochfrau wurde bei Vergnügen vom Wirt zur Unterstützung angefordert. Aber auch private Hochzeitsfeiern, große Beerdigungen und sonstige Feiern wurden in der Regel von einer Kochfrau bestritten. Sie legte die Speisefolge fest, sammelte in der Nachbarschaft so lange Geschirr zusammen, bis die Tische gleichmäßig gedeckt werden konnten, und kochte natürlich mit Helfern auch das Essen.

Sie war somit bei manch einer Hochzeit das, was man heute Wedding Planner nennen würde. Aus den unwirklichsten Stoffen und Materialien wurde den Brautleuten ein präsentables Outfit geschneidert, selbst die Hochzeitsgäste – in der Regel die Verwandten aus dem Dorf – ließen sich ihr „Staatsgewand“ noch einmal weiter machen oder mit Putz auffrischen. Es war bei solch großen Festen immer sehr viel Arbeit, Not so zu verstecken und aufzurüschen, dass man sich wohlfühlte und schön fand und gerne zur Veranstaltung ging.

Und damals galt: Wenn zwei Frauen dasselbe Kleid trugen, ging mindestens eine nach Hause und zog sich wütend etwas anderes an.

Gleichzeitig half Omi Anni immer noch beim Kochen und Servieren.

Hier muss vielleicht auch einmal eingefügt werden, dass Omi Anni in der Dorfschule immer die zweitbeste Schülerin war. Besser war nur ihre große Schwerster Hermine.

Noch als 95-Jährige war Omi Anni so klar in ihren Gedanken und lebensklug, dass sich selbst ein Versicherungsmakler, der ihr eine Lebensversicherung aufschwatzen wollte, liebevoll bloßgestellt wiederfand.
Omis Schrift war fehlerlos. Omis Rechenkünste legendär. Der Gedanke, was so eine intelligente Frau hätte werden können, macht traurig. Wobei – das hätte Omi Anni nicht gelten gelassen – sie stand so sehr im Hier und Heute und nahm das Leben an, so wie es morgens ausgegeben wurde.
In den Jahren der DDR war Omi Anni als selbstständige Näherin schon ein wenig ein Exot.
Sie heiratete dann einen Kriegsheimkehrer – Gustav Krüger, der ebenfalls ein Selbstständiger war: Er war Schuhmachermeister.
Nun nähte Omi Anni in der Wohnstube weiter und Gustav schusterte in der Kammer alles, was in so einem Dorf kaputt ging: Schuhsohlen, Pferdetrensen, z.T. Sattelzeug, Stiefelschäfte.
Für mich als Kind sind aus dieser Zeit die Speisen in Erinnerung geblieben.
Beide Großeltern lebten von dem, was das Gewerk einbrachte. Dazu wurde alles aus dem Garten eingeweckt und verarbeitet, mindestens 20 bis 30 Hühner lieferten Eier und Fleisch.
Ein Bruder von Omi Anni lebte als Bauer auf einem Hof und auch mit ihm wurde Essen geteilt. Jährlich wurden mindestens zwei bis drei Schweine gefüttert. Eines wurde im Winter geschlachtet, zwei für gutes Geld abgeliefert.
Ich war ein sehr mäkeliges Kind. Daheim gab es Lebensmittel, die mir heute noch den Graus den Rücken hochtreiben. Meine Eltern hatten den kindlichen Hunger so verinnerlicht, dass die

Speisenauswahl vorrangig nach viel und fett bemessen wurde. Schon der Gedanke an die Fettbrocken in den Würsten, an Heringssalat mit fetter Mayonnaise und Ähnlichem gruselt mich bis heute.

Bei Omi Anni war alles anders. Hier gab es zu Mittag oft Salzkartoffeln mit Butter und Salz. Oder Kartoffeln mit Schusterstippe, einer braunen Mehlsoße, die mit Senf und Essig Geschmack bekommen hatte. Dazu ein gekochtes Ei oder Bratenreste vom Sonntag. Das, was man „arm wie ein Schneider“ umgangssprachlich meinte, wurde hier als Tugend verstanden. Mit wenig Grundnahrungsmitteln eine Familie satt machen, das konnte Omi wirklich.

Jahre nach ihrem Tod habe ich im Nachlass eines ihrer wichtigsten Kochbücher gefunden ... „Die Küche der Zukunft“ von 1920, ein rein vegetarisches Kochbuch, in dem viele Rezepte Omi Annis Anmerkungen und Kreuze trugen. Dies lässt darauf schließen, dass sie mit dem, was der Garten hergegeben hat, die Familie durchgebracht hat. Und den heute so hervorgehobenen Sonntagsbraten – den hat's tatsächlich immer gegeben.

Zu DDR-Zeiten hatte es eine selbstständige Näherin ebenfalls nicht leicht. Stoff gab es auf Zuteilung oder in den Läden der Stadt in Qualitäten, die nicht unbedingt zum Tragen einluden. Wie oft hat Omi Anni verzweifelt über einem Schnitt aus Dedoron/Perlon gesessen, den die Singermaschine nicht nähen wollte und zu einem krausen Knäuel zusammengezogen hatte.

Unsere Omi hatte eine Cousine in Westberlin. Ab und zu lud diese Omi Anni zu sich ein. Bei diesen Reisen konnte man ganz wenig Ostgeld in Westgeld tauschen. Oh, war die Omi dann dankbar und glücklich, wenn die Cousine oder auch mal eine von deren Nachbarinnen der Ost-Omi einen Schein Westgeld zusteckten. Omi hat dann immer auf den Ausverkaufstischen in den Berliner Kaufhäusern nach Stoffen gesucht, die sie vorrangig für uns, ihre Familie, mitbrachte. Und dann zauberte sie einmal aus der Tasche nach so einem Westbesuch ein geheimnisvolles Päckchen. Die Spannung war schon generell bei der Rückkehr hoch, aber was mochte in der kleinen Schachtel sein?

Omi Anni hatte sich die erste Zackelschere geleistet für ganze 20 Westmark. Nur wer selbst näht, weiß, dass man mit so einer Zackelschere die Innennähte ganz schnell versäubern kann.

Zu diesem Zeitpunkt hatte ich schon die Leidenschaft fürs Nähen, Stricken und Selbermachen von Omi übernommen und war wohl die Einzige, die den Wert eines guten Arbeitsgerätes erfassen konnte. Zwei Jahre später hat Omi Anni dann noch einmal ihr ganzes eingetauschtes Geld zusammengenommen und mir ebenfalls so ein wertvolles Teil gekauft und unter den Weihnachtsbaum gelegt. In Dankbarkeit habe ich die Schere immer noch.

Omi Anni nähte aber nicht nur für die Leute aus dem Dorf, auch unsere Familie wurde vielfach von ihr eingekleidet. Legendär waren die sogenannten Russenkasacks – aus unschönen Reststoffen wurden weite Blusen mit einer Halsöffnung genäht, um die eine Borte als „Schmuck“ gesetzt wurde.

Da wir keine Westverwandtschaft hatten, die uns mit Jeans versorgten, war ich praktisch nur damit gekleidet, was der DDR-Handel so vorrätig hatte – also nicht wirklich verwöhnt. Aber diese Kasacks waren selbst mir zu schrecklich, sodass Omi davon bald Abstand nahm.

Ein richtiges Kunstwerk jedoch gelang ihr, wenn Hochzeiten in unserer großen Familie anstanden. Einmal nähte sie für meine Mutter und mich lange Kleider aus Spitze mit je einem passenden Unterrock. Das Kleid meiner Mutter in einem dunkelroten Ton und mein Kinderkleid in richtig leuchtendem Rosa. Ich mag nicht behaupten, dass wir die Braut ausgestochen haben, aber es war schon eine Pracht, wie Omi Anni uns ausgestattet hatte.

Rückblickend erscheint mir die Bekleidung der Nachkriegsgeneration, aber auch meiner Generation so fremd und skurril, dass ich einfach mal beschreiben will, was man noch bis in die 60er Jahre so trug.

Zur Grundausstattung gehörten ein Unterhemd und eine Unterhose, was ein Baumwollschlüpfer mit angeschnittenem Bein war, der in der Regel von einem labberigen Gummizug am Körper gehalten wurde. Darüber kam ein Leibchen, eine Unterweste mit langen Bändern, die mit einer Metallklammer die langen gestrickten Strümpfe festhielten. Darüber kamen ein Kleid und eine Schürze oder eine Bluse und ein Rock, auch darüber gehörte eine Schürze. Schürzen waren zeit ihres Lebens ein Statussymbol auf dem Dorf.

Tagsüber trug jede Frau eine Vorbindeschürze, um die Kleider darunter zu schonen. Für schmutzige Arbeiten auf dem Feld oder im Haushalt wurde darüber eine Halbschürze vorgebunden mit großen Taschen, damit auf den Wegen werthaltige Dinge gleich eingesammelt werden konnten. Omi nähte selbst aus alten Säcken für alle diese Vorbindeschürzen.

Am Sonntag oder zu feierlichen Anlässen band man sich eine weiße, kunstvoll bestickte Latzschürze vor und war ausgehfein. Zu

späteren Zeiten wurden für „Gut“ Dedoron-Kittelschürzen angezogen – das war was ganz Besonderes.
Die ersten kamen aus dem Westen und Omi hatte alle Hände voll zu tun, diese schon dort getragenen Modelle auf die Maße der neuen Besitzerinnen zu schneidern. Zur allgemeinen Ausrüstung gehörte noch ein gestrickter Pullunder mit V-Ausschnitt – heute würde man es einen Westover nennen – und günstigenfalls eine Strickjacke.
Bei den Jungen gab es über den langen Strümpfen am Leibchen eine kurze Hose, aus der meistens ein Streifen nackter Haut zwischen herunterbaumelnden Strickstrümpfen und immer zu kurzen Hosen auch im Winter die Jungs frieren ließ. Aber da alle gleich bekleidet waren, nahm niemand Anstoß daran.
Und all diese Sachen zu fertigen, lag in Omi Annis Hand.
Sie strickte ständig wollene Socken. Selbst als sie schon über 90 Jahre alt war, hatte sie immer ein Spiel Nadeln und ein Wollknäuel auf dem Schoß.
Als sie 2010 starb, nahm der Sockenbestand der Familie rapide ab. Und da wir die warmen Wollsocken zu Feierabend auf der Couch so lieben, musste ich mich mit fast 50 Jahren Omis Aufgabe widmen und nunmehr selbst die Socken stricken.
Zusammenfassend kann man über Omi Annis Leben das deutsche Sprichwort stellen: „Das kleinste Ding ist auch zu ehren, eine Nadel mag einen Schneider ernähren.“
Sie war unwahrscheinlich bescheiden, zu allen Menschen aufgeschlossen und wusste praktisch mit nichts die Familie zu ernähren, den Leuten im Dorf zu Kleidung zu verhelfen, auch wenn es gerade nach dem Krieg keinen Stoff zu kaufen gab.

Sie lebte vielfach aus dem, was der Garten hergab, dekorierte so unendlich liebevoll die Gräber, die Stube und den Garten mit dem, was die Natur hergab, und stellte sich nie in den Mittelpunkt. Wunderbarerweise aber kann ich heute noch auf Menschen im Kreis treffen, die sich an Schneiderin Anna Krüger erinnern. Sie war in ihrer Art eine Autorität, ohne als solche daherzukommen. Der große Politiker und Dramatiker George Bernard Shaw muss sie gekannt haben, nur so konnte er folgenden Satz gemeint haben: „Der einzige Mensch, der sich vernünftig benimmt, ist mein Schneider. Er nimmt jedes Mal neu Maß, wenn er mich trifft, während alle anderen immer die alten Maßstäbe anlegen in der Meinung, sie passten auch heute noch."
Auch Omi Anni nahm jeden Menschen vorurteilsfrei so an, wie er war. Sie nahm Körpermaß und machte das Beste aus dem, was an Stoff und Körper da war.
Im Dorf hat sie noch heute, auch mehr als 10 Jahre nach ihrem Tod, einen ausgezeichneten Ruf.
Ihre früh elternlos gewordene Nichte Trudchen hatte sie unter ihre Fittiche genommen. Oft kamen Trudchen und auch andere junge Frauen zu „Tant Anning", wie sie liebevoll genannt wurde, um sich Rat in Haushaltsfragen, in Lebensführung oder zu Kochrezepten zu holen. Jede ging aus Omis großem Erfahrungsschatz getröstet und gut beraten wieder von dannen.
Als einzige Enkelin habe ich die Singer-Nähmaschine von Omi Annis Schwägerin „geerbt". Es hat sie glücklich gemacht, dass ich als junges Mädchen damit angefangen hatte, mich am Nähen auszuprobieren. Und als junge Frau setzte ich meinen Ehrgeiz daran, zu den großen Festen und Feiern des Dorfes, der Familie und

der Betriebe mir stets ein neues Outfit zu nähen. Stoff gab es nun schon und auch Modezeitschriften, die Anregungen gaben. Den Grundstein hatte Omi Anni bei mir gelegt, als sie mir als kleinem Mädchen stricken, häkeln und gestalten beibrachte.
Leider gibt es in den wenigsten Dörfern heute noch Schneider. Ökologisch ist das nicht gut. Denn zu Zeiten der dörflichen Näherinnen wurde jeder Stoff etliche Male wiederverwendet und aus allem etwas Nützliches gearbeitet.
Vielleicht kann man nachvollziehen, wie empört ich über Teile der heutigen, luxusverwöhnten Halberwachsenen bin, denen sparsames Wirtschaften als ein Relikt der Steinzeit vorkommt, die sich aber gleichzeitig das Recht herausnehmen, meine so bescheidene Omi in dem Spottlied über die Oma als Umweltsau zu verhöhnen. Es gehört im Leben mehr dazu, als von anderen Menschen zu fordern.
Nur wer selber stillschweigend wie meine Omi Anni sich das gesellschaftliche Paket auflädt und am Problem der Zeit im Kleinen mitarbeitet, hat in meinen Augen das Recht, sich über unsere vorherigen Generationen kritisch zu äußern.

Erika Stavrakakis (geb. 1954),
aufgewachsen in Unterfranken (Bayern)

Aller, Rosa und Frieda

Er hieß Aller. Das war nicht sein richtiger Name, an den kann ich mich kaum erinnern, denn er war für alle nur der Aller. Er hatte in seinem Haus die Milchsammelstelle. Morgens und abends zu festgesetzten Zeiten schoben alle Milchbauern eine oder mehrere Zehn- oder Zwanzig-Liter-Kannen auf kleineren oder größeren Wägelchen zu ihm. Vorbei an den Häusern und Hoftoren, die sich auf beiden Seiten der Straße abwechselnd aneinanderreihten. Fast alle der 600 Einwohner lebten von der Landwirtschaft. Manche Höfe waren groß genug, um eine Familie zu ernähren, die anderen Bauern verdienten auf dem Bau oder im Steinbruch noch etwas dazu.

Die gesamte Milch jedes Einzelnen wurde in eine Waage geschüttet. Dazu mussten die Kannen hochgehoben werden. Dann trug der Aller die Messung auf einer mit dem Namen des Lieferanten beschrifteten Karte ein und der Nächste war an der Reihe. Am liebsten war es dem Aller, wenn die Bauern selbst ihre Milch zur Sammelstelle brachten. Sie konnten ihre Kannen allein hochheben. Kam eine Bäuerin, die zu Hause nicht auf die Kannen zum Spülen warten wollte, während ihr Mann gemächlich die Dorfstraße entlangzog und mit anderen tratschte, dann war er brummig, denn er fühlte sich verpflichtet, Hand anzulegen. Die Bauersfrauen aber waren kräftig und konnten den Großteil des Gewichtes stemmen. Richtig sauer wurde er, wenn Kinder geschickt wurden, denn dann musste er richtig zupacken. Wenn es auf den Feldern viel zu tun gab, dann fuhren öfter Kinder die Milch zur Sammelstelle. Dann wurde abends auch die Zeit knapp, vor allem für diejenigen, die mehr Kühe zu melken hatten. Oft begann an solchen Tagen schon die Kirchturmglocke zu schlagen, wenn ich das beladene Wägelchen aus dem Hof auf die Straße schob. Die Milchannahmezeit ging zu Ende. Ich hatte es nicht weit zur Sammelstelle und konnte den Aller schon davorstehen und Ausschau halten sehen. Sein grimmiges Gesicht und seine vorwurfsvollen Augen sehe ich noch heute vor mir, wenn ich mich darum bemühe. Und zwischen den Zähnen presste er hervor: „Es sind immer wieder dieselben." Obwohl er selbst eine kleine Landwirtschaft hatte, zeigte er nicht das geringste Verständnis. Er bestand auf der strikten Einhaltung seiner Dienstzeiten wie ein Beamter. Niemand nahm es ihm wirklich übel. Er war eben der Aller, allseits übel gelaunt.

Rosa wohnte mit ihrem Mann und einem Sohn neben der Milchsammelstelle in der einen Hälfte eines schmalen gemeindeeigenen Gebäudes, in dem auch die Gemeinschaftswaschküche untergebracht war, die Rosa betreute.

Wegen eines Waschtages, den meine Mutter plante, betrat ich das erste Mal Rosas Wohnung. Ich sollte fragen, ob das Waschhaus zum gewünschten Zeitpunkt frei sei. Ich war erstaunt über die Winzigkeit der Wohnung. Niemals vorher oder nachher habe ich gleichermaßen beengte Wohnverhältnisse gesehen. Hinter der Eingangstür lag ein schmaler Flur, der in einer kleinen Küche endete. Links neben der Haustür führte eine schmale Treppe ins Obergeschoss. Ihr gegenüber stand die Tür zu einem kleinen Wohnzimmer offen. Das war alles. Im Obergeschoss muss es bedrückend gewesen sein, denn das Gebäude war nicht hoch. In der anderen Hälfte des Hauses war wie gesagt die Gemeinschaftswaschküche, ein großer Raum, an dessen hinterer Wand ein Waschkessel, eine Wäscheschleuder und ein Waschbottich standen. Der Waschkessel wurde mit Holz und Kohle geheizt und der Waschbottich hatte ein Drehkreuz, das sich elektrisch hin- und herbewegte. An der einen Längsseite gab es eine einfache Blechbadewanne. Darüber befand sich ein Wasserhahn. Dort wurde die Wäsche gespült. An einem Waschtag schürte Rosa früh morgens den Kessel an. Dann war das Wasser schon heiß, wenn die Waschfrau kam. Mit einem Schubkarren wurde die schmutzige Wäsche in Körben zum Waschhaus und die gewaschene Wäsche nach Hause zum Aufhängen – je nach Wetterlage – auf der Wiese oder auf dem Dachboden gefahren. Nachdem die Waschfrau gegangen war, richtete Rosa die Waschküche wieder her für den nächsten Waschtag. Mittwochs und samstags konnte man bei Rosa auch frische Brötchen für das Frühstück kaufen. Die Brötchen lieferte der Bäcker, der sein Geschäft am anderen Ende des Dorfes hatte. Die Milch an der Sammelstelle abliefern, nebenan bei Rosa ein paar Brötchen holen, das funktionierte. Es waren kleine Geschäfte für bescheidene Menschen.

Frieda, die Gemeindedienerin, putzte die Schule und die Gemeinderäume. Für alle hörbar wurde sie, wenn sie Ankündigungen des Gemeinderates ausschellte. Dann ging sie von einem Ende des Dorfes zum anderen. In der einen Hand hatte sie eine Glocke an einem Stiel, in der anderen einen Zettel, den ihr der Bürgermeister geschrieben hatte und der die Nachrichten enthielt, die sie ausrufen sollte. Sie schwenkte ihre Glocke, blieb nach etwa hundert Metern stehen und verlas mit lauter Stimme die Ankündigungen des Gemeinderates. Dann ließ sie die Glocke wieder erschallen und lief die nächsten hundert Meter. Das ging so lange, bis sie das Ende des Dorfes erreicht hatte. Meistens fand das Ausschellen am Abend statt, wenn die Bauern und ihre Tagelöhner von den Feldern zurück waren. Wer Kühe zu melken oder Schweine zu füttern hatte, den rief die Glocke aus dem Stall. „Geh mal und hör, was die Frieda ausschellt." Mit diesen Worten wurde ich des Öfteren ans Hoftor geschickt. Dort stand ich dann und sah und hörte ihr zu. Sobald sie fertig war und weiterging, brachte ich die Nachrichten in den Stall zu meinen Eltern.

Frieda war auch die Küsterin des Dorfes. Sie hielt die Kirche sauber, sorgte für Blumenschmuck zu den Gottesdiensten und ging dem Pfarrer zur Hand. Während der Vegetationszeit ging sie mit einer Bauernfamilie als Tagelöhnerin auf die Felder: Rüben hacken, Klee aufhängen, Kartoffeln lesen, ... Sie wohnte mit ihrer Familie in einem Haus zur Miete, das der Gemeinde gehörte. In einem Raum dieses Hauses standen zwei Geräte, die bei Hausschlachtungen zum Einsatz kamen. Mit dem einen schnitt Frieda die Ränder der leeren Wurstdosen ab, mit dem zweiten deckelte sie die gefüllten Dosen neu.

Frieda war eine tüchtige Frau und wurde von allen im Dorf geachtet.

Im Dorf gab es auch eine Gemeinschaftsfrostanlage mit Gefrierfächern in zwei gegenüberliegenden Reihen, die man mieten konnte. All das gibt es nicht mehr. Waschmaschinen und Gefriertruhen zogen in die Haushalte ein und setzten den Gemeinschaftsanlagen, an denen man immer wieder dem einen oder anderen Dorfbewohner begegnen und ein Schwätzchen halten konnte, ein Ende. Auch die Milchsammelstelle wurde geschlossen. Wer Milch produzieren wollte, musste in eine hofeigene Kühlung investieren. Das war für alle kleineren Milchbauern unrentabel und bedeutete das Aus ihrer Milchviehhaltung.

Das Dorf hat sich gewandelt. Die Zeiten haben sich geändert. Die Menschen haben sich angepasst. Weder war früher alles besser, noch ist heute alles schlechter. Es geht immer nur darum, die Gegenwart zusammen befriedigend zu gestalten.

Lea Renate Söhner (geb. 1957),
aufgewachsen in Schwaigern (Baden-Württemberg)

Vom Mayersbeck und s'Krummholze Ruth

Wie Schatten und Spuren sind meine Erinnerungen, hie und da ein schwaches Leuchten, einige Farben, Stimmungen hinter dem Schleier. Ich muss mit Worten hineingreifen in den Dunst vergessen geglaubter Bilder, Szenen aus der Unschärfe herausschälen und dann gegen das Licht halten, Erzählungen anderer über die eigenen Erfahrungen legen und aus dem Deckungsgleichen die Geschichten formen. So entstehen im weglosen Grenzland zwischen Bildern und Fakten, zwischen Hufschmied und Hebamme einige bunte Tupfer des einmal Gewesenen.

Tante Ruth zieht den Leiterwagen voll mit knusprigen Brotlaiben. In den ätherischen Silberfäden der Mittagssonne hüpfen lachende Kinder hinter ihr her, das Brot, noch warm, duftet betörend, wer möchte sich nicht ein Stück abzupfen. Sie verscheucht uns mit den

Händen, aber sie lächelt, denn Tante Ruth ist eine große Frau mit weißer Schürze und voller Güte.
Sie holt uns vom Kindergarten ab, lädt das Brot vom Mayersbeck auf den Leiterwagen. Der Wagen hat ein Zwischendeck, um noch mehr Brote zu fassen. Wir wandern vorbei am Ochsenwirt, am Rathaus, an der Stadtkirche, nehmen den Weg durch die gräfliche Schlossanlage bis zum Haus der Tante, das eigentlich das Haus ihres Schwiegervaters ist. Der ist Wagner. Krummholz sagt man, weil er Holz so biegen kann, dass Wagenräder draus werden. So wird auch die Schwiegertochter s'Krummholze Ruth genannt. Die Werkstatt mit den blinden Glasfenstern ist eine einzige Ansammlung von Holzstücken, Wagenrädern, Hacken, Rechen, Sensen, Radspeichen, die aussehen wie hölzerne Sterne, Metallriemen und einer gefährlichen Bandsäge. Es riecht nach Holz und Wärme, nach Staub und Tradition, wir Kinder treten ein, ehrfürchtig und stumm, in eine Welt, die gerade untergeht.
Zwischen den Welten von gestern und heute gibt es keine Trennungslinien, die Übergänge sind schwellenlos. Plötzlich sprechen wir von früher, plötzlich sind wir erwachsen, plötzlich leben wir in einer neuen Zeit, und was vorher Heimat war, fällt unbemerkt dem Vergessen anheim. Einzelteile davon landen allenfalls im Heimatmuseum von Karl Wagenplast oder bleiben in der historisch erhaltenen Backstube des Mayersbeck.
Hier sitze ich mit Wolfgang und Christel Mayer und lasse mir erzählen, wie die Schwaigerner Hausfrauen seinerzeit zweimal die Woche ihren Brotteig bringen und vor der Backstube eine Schlange bilden, dann Korb um Korb nach innen reichen. Dort steht der Bäcker und schießt die Brote ein.

Marktbrunnen 1959.

An den anderen Wochentagen bäckt der Mayersbeck selbst. Seine Auswahl sind Brotlaib, Kapselbrot, Hefekranz, Anisbrot. Keine Brezeln, keine Süßstückle, keine Weckle. Das zweimal gebackene, in Cellophan eingepackte Anisbrot wird zusammen mit warmer Schoddosoße (Chaude-Eau-Sauce) für Krankenbesuche benötigt. Montags ist geschlossen, denn am freien Tag stellt die Bäckerfamilie Nudeln her.

Wengerter erhalten beim Mayersbeck eine Gutschrift pro Rebenbündel für das Brotbacken. Bauern, die wenig Bargeld haben, bringen Mehl, das ebenfalls mit dem fertigen Brot verrechnet wird. Die 50-kg-Mehlsäcke werden hinaufgetragen durch die enge

Dorfansicht mit Bachschmied im Vordergrund und dem Mayersbeck-Anwesen im Hintergrund.

Treppe in den ersten Stock, wo der Teig hergestellt wird. Frau und Kinder tragen die vielen Brotkörbe und Bleche wieder nach unten in die Backstube. Körperliche Schwerarbeit für die ganze Familie. Die Bäckerskinder sieben aus den verbrannten Reben Kohlestücke und verkaufen sie. Gutes Taschengeld, sagt Wolfgang Mayer und lächelt noch als Sechzigjähriger zufrieden.

Handwerkskunst und Handwerksmühe, Ackerbau, Viehzucht, Weinbau, aber auch Handel und das Wirtsgewerbe leben mehr oder weniger aus den Händen der Natur. Die Härte des Daseins nährt die Dankbarkeit und die Gottesfürchtigkeit. In den Dramen des Alltags und im Ringen um ein menschenwürdiges Leben stiftet die Religion Sinn und Richtung.

Kinderbeine baumeln auf dem zu hohen Stuhl am Tisch der Großeltern oder auf Opas Schoß. Das riesige Wimmelbild hört nie auf zu faszinieren: Der schmale und der breite Weg.
Grausige Neugier breitet sich aus, wie der süß-würzige Geschmack des Anisbrots vom Mayersbeck, nachdem man es mit Spucke aufgeweicht hat. All diese Leute auf dem breiten Weg, die später in der Hölle landen werden, das ist schaurig schön.
Langweilig dagegen die rechte Seite, der schmale, fromme Weg, denn da ist man ja sowieso. Auf Großvaters Schoß, in seiner Nähe, da kann einem nichts passieren. Hier ist man sicher. Herrlich ist es, unter diesem Schutz die Missetaten derer zu betrachten, die auf dem breiten Weg wandeln. Maskenball, Geldpfänderei, Theater, Lottospielen oder Groschenromane, alles monströse Sünden, die mit ewiger Verdammnis bezahlt werden. Mit eigenen Augen die richtige Hölle zu bestaunen, das, worauf diese Menschen zusteuern, auf einen entsetzlichen Feuertod ohne Gnade, das zu betrachten, ist mehr, als man als Kind zu hoffen wagte.
Mein Opa Rudolf ist einer der Gründer der Schwaigerner „Stund", einer pietistischen Strömung, laut Wikipedia die wichtigste Reformbewegung im europäischen Protestantismus. Fast 200 Jahre aufgehoben im Schoß der Kirche, gab es anfangs des 20. Jahrhunderts Absetzbewegungen. So wird nach einer Meinungsverschiedenheit mit dem Stadtpfarrer im Jahr 1922, auch in Schwaigern die Stund gegründet, wo man sich sonntagnachmittags um 14 Uhr zur Gebetsstunde trifft. „Entschiedenes Christentum" nennen sie sich bis heute. Deutet der Name darauf hin, dass sich der Heilige Geist in der verfassten Kirche während der Jahrhunderte in einen staubig-nüchternen Amtsgeist ver-

wandelt hat? Und ist ihm vielleicht der Funke einer innerlichen Frömmigkeit suspekt geworden, die nichts und niemandem verpflichtet ist als Jesus Christus?

Während des Dritten Reiches verboten, ducken sich die entschiedenen Christen zum Gebet in ihre Stuben, immer jedoch wissen sie, auf welche Seite sie gehören, und das ist nicht die Seite der Nazis. Heimlich lesen sie Texte von Dietrich Bonhoeffer und glauben, Hitler sei der Antichrist. Verborgene Wurzelfäden aus dem Pietismus führen auch zu den Attentätern auf Hitler im Juli 1944. Die Wege von Kirche und Stund bleiben verflochten, man kooperiert, man bringt sich ein, man will prägen. Aber das Herz der entschiedenen Christen schlägt weniger in der Kirche, als in ihrer Gemeinschaft, dem Jugendbund und dem Kinderbund.

Der Kinderbund, braune Holzbänke in halbdunklem Saal, vorne die Missionsschwester der Liebenzeller Mission. Sie erzählt vom fernen Afrika, dass die Menschen dort nicht wissen, was Eis ist, und auch sonst keine Süssigkeiten haben, wie froh sie aber sind, dass sie Jesus kennenlernen dürfen, daraufhin die Erleichterung im Kinderherzen, dass dann in Afrika schlussendlich doch alles gut wird. Unser Zehnerle dürfen wir in ein Kässchen werfen, auf dem ein Negerlein steht und jedes Mal mit dem Kopf nickt, wenn ein mitgebrachtes Zehnerle in das Kässle fällt. Wie gerne nähmen wir unsere Münze wieder heraus, um sie nochmals hineinzuwerfen, es ist zu schön.

Dann singen wir Lieder wie „Pass auf kleines Auge, was du siehst, pass auf kleine Hand, was du tust, denn der Vater im Himmel schaut herab auf dich".

Wendet man sich ab vom Haus des Mayersbeck und von der Stelle, an der früher der Bachschmied war, liegt hinter dem Leinbach der

Schlosskindergarten, von früher her bekannt als das Braune Haus, bereits zu meiner Zeit Kindergarten und nur wenige Jahre zuvor Quartier der SA, dann der SS und der Gestapo.
Disziplin durch Angst. Kinder sitzen im Kreis, es ist still. Helmut in der Mitte, den Mund mit Leukoplast verklebt, manchmal sogar gefesselt am Stuhl. Die Kinder müssen mit dem Finger auf ihn zeigen und Ätsch rufen. Ein zaghaftes Ätsch bei den meisten. Angst, keine Tränen, eher Lähmung und die Hoffnung, dass man niemals selbst in dieser Mitte sitzen muss.
Trotz fröhlicher Kindergartendekoration mag ich nicht hineingehen in dieses Haus, ich ziehe frische Luft in meine Lungen. Der Blick fällt nach rechts auf den Hexenturm. Pittoresk steht der Ort früherer Qualen am Rand des alten Ortskerns. Man will nicht so genau wissen, was Anna Maria Heinrich in diesem Turm erlebt hat, bevor am 28. Juli 1713 um 9.00 Uhr die Kirchenglocken läuteten. Sie war nach langem Prozess als Hexe zum Tode verurteilt worden: Todesstrafe durch Verbrennung bei lebendigem Leibe. Drei Stunden brannte das Feuer an jenem Freitagmorgen, dann war die junge Frau zu Asche verbrannt.
Anna Maria Heinrich war beschuldigt worden, beim 14-jährigen Friedrich Wilhelm, einem Sohn des Ortsherren Eberhard Friedrich von Neipperg, eine Krankheit verursacht zu haben.
Heute lebt man nicht mehr so gefährlich unter dem Schloss des Grafen von Neipperg. Man kennt sich, vor allem seine vielen Kinder, die sich, wie auch noch die ärmsten Bauernkinder, durch die örtliche Schule quälen müssen. Man leidet mit, wenn der gräflichen Familie Schicksalsschläge und Todesfälle widerfahren.
Der Graf und sein Schloss sind ein Fixpunkt im Wandel der

Wolfgang Mayer im historischen Backhaus.

Zeiten. Doch die Grenze zwischen adelig und nicht adelig ist unsichtbar geworden. Allerdings nicht unfühlbar. Eine zufällige Begegnung mit Otto von Habsburg, dem österreichischen Thronfolger, und seiner Tochter, der Gräfin von Neipperg, beim Sonntagsspaziergang im gräflichen Forst könnte zwanglos sein. Unsere Not: Wie muss dieser Herr angesprochen werden, der so freundlich mit uns plaudert? Erlaucht? Eure Majestät? Kaiserliche Hoheit? Man denkt an die Sissi-Filme und ist stolz, dass man sowas vor der Haustür hat.

Feste im Schlosspark, dunkle Tannen zum Verstecken, riesige Bäume, Kinder spielen Fangen zwischen sonntäglich gekleideten Menschen mit Sektgläsern in den Händen, Sommerwetter, Rasenflächen zum Purzelbäume-Schlagen, das neue Kleidchen bekommt grüne Flecken, Lachen, schwatzen und ein wenig das Gefühl von adlig und von großer weiter Welt.

Jetzt ist der Schlossgarten nicht mehr öffentlich zugänglich. Die Stadt will sich nicht beteiligen am Erhalt des Parks.

Gisela und ich legen unser Taschengeld zusammen und kaufen im Kaufladen Haberkern am Marktplatz gemeinsam unsere erste Kiwi. Unser Urteil: schmeckt eigentlich nicht schlecht, wenn nur die stachelige Hülle nicht so am Gaumen brennen würde. Später lernen wir, dass man sie mit dem Kaffeelöffel auslöffeln und die Schale wegwerfen muss.

Am schönen Marktplatzbrunnen trifft sich die heimische Dorfjugend, und ab den 70er Jahren auch die Jugend der italienischen Gastarbeiter. Heute würde man sagen, ein Integrationspunkt. „Itaker", sagt man damals, und wenn ein Mädchen mit einem Itaker geht, ist das nicht mehr lustig.

Der Weg zur Stadtkirche führt am früheren Milchhäusle vorbei, Sammelstelle für Kuhmilch und Muttermilch sowie Ehe-Anbahnungsort für Bauernsöhne und Bauerntöchter. Die Muttermilch wird an die linke Ecke der Rampe gestellt, sie wird etwas später von der Kinderklinik Heilbronn abgeholt.

Es ist die Hebamme, Schwester Irmgard, die ihre Wöchnerinnen dazu animiert, Muttermilch abzupumpen und für die Säuglingsstation zu spenden. Schwester Irmgard ist eine gute Seele, die ein tragisches Ende nimmt.

Geboren wird selbstverständlich zu Hause, eine Geburt ist schließlich keine Krankheit. Die Hebamme feiert meinen Bruder als ihr fünfhundertstes Kind, am Ende ihrer Laufbahn sind es mehr als tausend.

Schwester Irmgard ist eine Legende. Niemals braucht sie je eine Vertretung, egal ob Tag oder Nacht, und wenn sie gerufen wird, schwingt sie sich aufs Fahrrad. Zuweilen wird sie von einem Traktor abgeholt. Dann sitzt oder steht sie auf der Ackerschiene, während das Fahrrad auf dem Anhänger liegt.

In jedem Haus der Niederkunft ergreift sie umgehend die Macht über das eheliche Schlafzimmer. Männer sind nicht geduldet, Geburt und alles, was damit zu tun hat, ist ausschließlich Frauensache. Zehn Tage müssen die Frauen nach der Geburt im Bett bleiben, da kennt Schwester Irmgard keine Gnade. Und zehn Tage lang kommt sie täglich ins Haus, kontrolliert die Situation, berät, leitet an, bringt das mit, was man gerade für das Neugeborene braucht. Sollte bei ihrem Erscheinen in aller Herrgottsfrüh ein Ehemann noch im Bett liegen, wird er unter lautem Geschimpfe hinausgeschickt.

Kein Arzt kann es mit Irmgards Wissen und Instinkt aufnehmen und es ist nicht bekannt, dass die Hebamme je ein Kind verloren hat. Immer sieht man sie auf ihrem Fahrrad, und wenn sie in Schwaigern einkaufen geht, schiebt sie es, damit Zeit bleibt für ein Schwätzchen.

Später kauft sie sich ein Auto. Nach ihrer Pensionierung verursacht sie einen Unfall und überfährt ein Kind. Es ist tot und es ist eines, das sie geboren hat. Auch dessen Mutter hat sie geboren.

Undenkbar: ein Sonntag ohne Kirchgang. Hinten im Auto ist es eng mit den Geschwistern, Wortgefechte über angemessene Sonntagskleidung liegen noch in der Luft, die Kirchenglocken von Ferne bereits im Ohr und wieder werden wir zu spät kommen. Hineinschleichen beim Orgelspiel, immer in der gleichen Kirchenbank. Die jugendlichen Augen schauen gelangweilt auf das Netzgewölbe, zählen die Wappen an den Kreuzpunkten, betrachten mit schläfriger Neugier die steinernen Figuren, die an der Wand aufgereiht sind. Vorne über dem Altar hängt der gemarterte Gekreuzigte. Da schaut man lieber nicht so genau hin.

Schön ist das Singen. „Befiehl du deine Wege und was das Herze kränkt der allertreusten Pflege des, der den Himmel lenkt." Wir kennen es auswendig, die Mutter hat uns belohnt mit einer Schokoladentafel (die mit der Zitronenfondant-Füllung) für jedes auswendig aufgesagte, vielstrophige Paul-Gerhardt-Lied.

Nach dem Gottesdienst stehen Menschen in runden Grüppchen auf dem Vorplatz, zu fünft, zu sechst: Was war vergangene Woche, was wird die nächste bringen, hält das Wetter, wie viel Oechslegrad hat der Otto mit seinen Trauben erzielt, hat Martha ihre Totaloperation gut überstanden und welche Tochter geht heimlich mit welchem Sohn?

Mit fünfzig Jahren Abstand steige ich die breite Treppe hinauf auf diesen großzügigen Vorplatz, öffne die Kirchentür, atme die erhabene Eleganz der Stadtkirche Schwaigern, die kein Ornament braucht, um die eintretenden Menschen zu heben.

Ich lasse mich in einer der schlanken Holzbänke nieder und nehme die Zwiespältigkeit der christlichen Geschichte in mich auf.

Der Barbara-Altar von Jürg Rathgeb hängt da drüben und ab und zu werden musikalische Werke aufgeführt wie die Matthäuspassion von Bach. Die Architektur dieses und noch prächtigerer Bauwerke sind Schöpfungen, die man heute nicht mehr nachbauen kann.

Die Lieder von Paul Gerhardt, von Matthias Claudius, von Jochen Klepper: ihr Gottvertrauen, ihre Hingabe, ihre Naturliebe bewirken nichts als Schönheit.

Dann gehen meine Gedanken zu Anna Maria Heinrich und dem Hexenturm. Auch das ist Kirche: Andersdenkende werden getötet, Hexen verbrannt und ja, auch Luther will sie brennen sehen, die ketzerischen Geister, die er ruft und nicht mehr kontrollieren kann. Über ungute Kooperationen der evangelischen Kirche ab 1933 wollen wir an dieser Stelle lieber schweigen.

Menschen leben zusammen, gestalten ihr Leben nach ihren Möglichkeiten. Normale Menschen wollen weder Krieg noch Scheiterhaufen. Das Alltägliche ist es, worin sich das gute Leben verfängt: die Zufriedenheit mit einem manchmal kleinen, manchmal größeren Leben, die Freude über ein gutes Essen, eine reichhaltige Ernte und ein Viertele Rotwein im Ochsenwirt, das miteinander Leiden bei Schicksalsschlägen, das Gebet in der Kirche und die Gelassenheit, den Nachbarn so zu nehmen, wie er ist. Wir müssen den Alltag ehren und unsere Wurzeln, auch das, was sich Menschen miteinander aufbauen, allen ideologischen Spaltungen zum Trotz.

Peter Heffner (geb. 1960),
aufgewachsen im Bauland (Baden-Württemberg)

Zwischen Idylle, Enge und Engagement

Das Dorf meiner Kindheit habe ich vor langer Zeit verlassen. Es war mir zu eng, also zog ich nach Abitur und Kriegsdienstverweigerung weg, um Ende der 70er Jahre beim Zivildienst in Mannheim Stadtluft zu schnuppern, die bekanntlich frei macht. Der Kontrast zum Land war anfangs nicht einfach für mich.
Mein Aufwachsen im Dorf als reine Idylle aufleben zu lassen, wäre geschönt. Ambivalenzen, gemischte Gefühle, kommen in der Erinnerung auf. Das Dorf meiner Kindheit war kein Himmel auf Erden, auch wenn der Volksmund das damalige Autokennzeichen „BCH“ süffisant in „Besonders Christliches Hinterland“ umdeutete. In der nordbadischen Provinz zwischen Neckar, Jagst und Tauber, im sogenannten „Madonnenländle“, erlebte ich in Kindheit und Jugend ein buntes Kaleidoskop: Idylle, Freiheit, heile Welt –

Enge, Starrsinn, Sozialkontrolle – Engagement, Gottvertrauen und lebensfrohe Umtriebigkeit.

Um es vorwegzunehmen: Heute bin ich froh, als „Dörfler" und Bauernkind aufgewachsen zu sein. Geerdet und verwurzelt in den Jahresrhythmen und bäuerlichen Kreisläufen. Die einfachen Verhältnisse in einer Großfamilie haben nicht geschadet, sondern mich mit reichlich Widerstandskräften und Zuversicht (neudeutsch „Resilienz") ausgestattet. Das alles hat bis heute gut durchs Leben getragen. Früher konnte ich das nicht immer so sehen.

Schlangen von Elterntaxis – bei meinem Weg zum Kindergarten oder zur Schule – gab es damals nicht, auch keine Gehwege an den hubbeligen, löchrigen Dorfstraßen. Wesentlich weniger Autos und Lastwägen rollten durchs Dorf, ihre Geschwindigkeit nahm mit Dorfsanierung und Straßenausbau Anfang der 70er Jahre merklich zu, die Zahl altehrwürdiger Gehöfte und Fachwerk in Lehmputz gleichzeitig rapide ab. In den Fortschrittsaugen waren sie endlich weg, diese grauen „Bruchbuden".

Da unser Hof am Ortsrand lag, wurde der Verkehr für uns zum Sicherheitsrisiko, wenn Raser ortsauswärts aufs Gas traten oder der Blinker am Ladewagen defekt war und man rückwärts mit Frischfutter zum Stall einstoßen musste. Mein Weg zum Kindergarten in Sichtnähe, auch mein Schulweg war Kindersache: Eigenständig, zu Fuß, mit Kameraden machbar, trödelten wir durch die Dorfgassen, lernten erste Freiheiten und Verantwortung kennen, wo heute Gefahren lauern. Von wegen Elterntaxis: Sicher haben sich auch die Eltern gewandelt. Weniger Ruhepol in greifbarer Nähe, mehr durch berufliches Pendeln getrieben. Würden sie ausflippen, wenn ihre zehnjährigen Kinder als Freizeitspaß

Der Spruch an der Dorfschule.

das Dorf von unten im verzweigten Kanalisationssystem erkunden würden! Welche grenzwertigen Erfahrungen machen heutzutage Kids, eingespannt zwischen Nachmittagsschule, Schulbus, Internet und Whatsapp?

Lehrer, Pfarrer, Doktor, Bürgermeister – einst herausragende Honoratioren der dörflichen Welt. Natürlich ist von ihnen zu reden, die Lehrerinnen mitgemeint. Von den „Barmherzigen Schwestern" um Schwester Clothilde, der Leiterin des dörflichen Kindergartens in unserer Nachbarschaft. Mit anderen Ordensschwestern wohnte sie im Schwesternhaus neben ihrer Wirkungsstätte. Clothilde hatte viel zu tun bei der großen Kinderschar. Die Zweikindfamilie war noch nicht verbreitet, Großfamilien mit acht Kindern wie die unsrige allmählich ein Auslaufmodel. Treusorgend kümmerte sie sich um die Kleinen und vermittelte allerlei Nützliches. Sie konnte aber auch rabiat werden, den Schopf nach vorne ziehen und auf den Rücken donnern, wenn man aus ihrer Sicht „etwas angestellt" hatte. Größere wie ich bekamen Sonderaufgaben, fühlten sich wichtig, wurden dafür belohnt, z.B. fürs Herbeischaffen des Brennholzes vom Speicher. Holzfeuer war üblich.

Schwestern und Schwesternhaus waren ein wichtiger Dreh- und Angelpunkt im Dorf. In ihrer Nähstube kamen winters Frauen zusammen, erlernten neue Handarbeitstechniken, fertigten Kleider für die Familie an und ratschten. Bei kleinen Verletzungen ging man zu ihnen, bei Krankheiten kam die Kranken-Schwester ins Haus und brachte erste Hilfe, gute Worte und Gottvertrauen mit. Die Frauen in Ordenstracht personifizierten religiöses Leben und tätige Nächstenliebe. Ihre Namen klangen jedoch für Kinderohren merkwürdig: Pardon, liebe Schwester Hermine, Clothilde, Theolina, Bodwina. Als die Schwesternstation vom Mutterhaus in Bühl aufgelöst worden war, gründete ich mit Gleichaltrigen einen Jugendtreff. Er fand Domizil in der Nähschule, natürlich mit Einverständnis des Herrn Pfarrers und unter dem „Auge des Dorfes". In den Nachbarraum zog der Landdoktor ein und hielt die wöchentliche Sprechstunde ab, als das in der Dorfwirtschaft nicht mehr möglich war.

„Non scolae, sed vitae discimus" – „Nicht für die Schule, für das Leben lernen wir". Im Gymnasium begegnete mir das Zitat. Als Pennäler hörten wir das eher als moralischen Imperativ des Lehrers; den Sinn begriffen haben wir erst viel später. Den Spruch an der Dorfschule habe ich in meiner Zeit dort nicht wahrgenommen, als angehender Kriegsdienstverweigerer stieß mir dessen nationaler Pathos auf: „Beginnen muss im Hause, was leuchten soll im Vaterlande." Am Schulplatz beeindruckten die mächtigen 1000-jährigen Linden, exponiert gelegen an einer germanischen Thingstätte mit weitem Blick in die schöne, offene Landschaft. Kastanien umsäumten das Schulgelände und lösten im Herbst manchen Bubenstreit um die reichste Ernte aus. Der Schulweg durch die Linsengasse oder Reuthersgasse: Ihre Namen, Fingerzeige zu einstigen Ackerfrüchten und Rodezeiten, waren keines Nachdenkens wert bei all den Erzählungen, Prahlereien, Zwistigkeiten und auch Kraftproben unterwegs. In Mischklassen hatten Erst- und Zweitklässler sowie Dritt- und Viertklässler Unterricht in einem Raum. Abwechselnde Stillarbeiten und zeitversetzter Beginn halfen dabei. Spannend waren die Rechenduelle, wenn alle aufstehen mussten, Sitznachbar gegen Sitznachbar um das schnellste Ergebnis wetteiferte, bis am Ende das Rechenass feststand. Einfühlsam waren die jungen Grundschullehrerinnen. Gefürchtet dagegen die unvermittelten Kopfnüsse des Herrn Dorfpfarrers, wenn man im Unterricht störte. Als die männliche Jugend sich in Dorfbanden zusammenschloss und sich gegenseitig selbst gebaute Baumhütten in den Feldhecken zerstörte, ging der Riss bis zur Schulbank, wo ein Bücherranzen die Frontlinie zum Sitznachbarn markierte. Ein Erlebnis war für mich Jungspund, wenn bei Schlechtwetter die Schulpause drinnen stattfand. Die Großen aus den Klassenstufen fünf bis neun drängten sich dann mit den Kleinen im Schulhaus. Klassenstärken von bis zu 38 Schülern gab es, der Schulentwicklungsplan hatte unsere Dorfschule für kurze Zeit zur Nachbarschaftshauptschule gemacht, verrät das Heimatbuch. Sticheleien und Streitereien zwischen Alt und Jung, Einheimischen und Fremden blieben da nicht aus; die Neugier ließ aber auch Sympathie und Freundschaft übers Dorf hinaus entstehen.

Respekt dem Schulrektor, der damals auch Landkindern höhere Bildungsabschlüsse ermöglichen wollte und Schulreform und Chancengleichheit von der Stadt mit aufs Land brachte. Hochachtung den Gemeindeverantwortlichen, die mit Weitsicht dafür sorgten, dass er und sein Stellvertreter mit Familien in eigens errichteten Lehrerwohnungen schulnah Platz fanden. Zeitlebens Dank meinen Eltern, dass sie den Rat des Rektors annahmen und mich Ende der 60er einen gymnasialen Weg gehen ließen; bei meinen älteren Geschwistern war die Zeit dafür noch nicht reif.

Eine andere Art der Förderung wurde meinen älteren Geschwistern zuteil: die Christenlehre. Während nach dem sonntäglichen Gottesdienst die kleinen Schulkinder nach Hause gingen, behielt der Dorfpfarrer die Heranwachsenden zur Glaubensunterweisung mit dem Katechismus in der Kirche. Diese Einrichtung habe ich in meiner Teeniezeit nicht mehr erlebt. Vom Hörensagen meiner älteren Geschwister eine Alltagsgeschichte, die die Autorität der Dorfkirche und des Pfarrers früher zeigt: Wenn Bauern im Sommer nach Schlechtwetterphasen sonntags Heu einfahren oder Getreide ernten wollten, fragten sie den Pfarrer um Erlaubnis. Ohne seinen Segen sonntags zu arbeiten, konnte ein Abkanzeln, eine Rüge, nach sich ziehen. „Der Sonntag dem Herrn" war die Botschaft. Er dient der Arbeitsruhe und seelischen Erhebung, steht im Grundgesetz. Allianzen für den arbeitsfreien Sonntag wehren sich bis heute gegen dessen weitere Kommerzialisierung.

Die Kirche in meinem katholischen Dorf hatte eine tragende Rolle. Das Kirchenjahr durchwirkte das familiäre und dörfliche Leben tiefgehend. Sonntagsgottesdienste mit voll besetzten Reihen vereinte die Menschen im wöchentlichen Ritus, verloren mit Einführung der Samstagabendmesse aber die kollektive Geschlossenheit. Der anschließende Gräberbesuch, der anschließende Frühschoppen – den Männern vorbehalten – waren wichtige Kommunikationsplattformen. Eine bewegende Glaubens- und Naturerfahrung war die sommerliche Wallfahrt zum zwölf Kilometer entfernten „Heiligen Blut". Das weithin sichtbare Gotteshaus mit seiner Beschützerlage überm alten Dorfkern war glaubens- und identitätsstiftend und Orientierung im Tageslauf. Weithin war das Glockengeläut morgens, mittags und abends zu hören, eine Art Taktgeber des Dorfalltags, des Gebets und familiärer Regeln bis heute. „Wer nicht hören will, muss fühlen" erinnert mich an die Schläge, als ich erst nach dem Abendläuten von den Spielkameraden heimkam. Die Bücherei im Pfarrhaus barg reichlich Lesestoff, den man ausleihen und über den man sich austauschen konnte; sie schaffte so auch menschlich und räumlich Nähe zum Dorfgeistlichen und seiner Haushälterin. Wertewandel und Priestermangel, zwei Seiten einer Medaille, brachten Reformen, größere Seelsorgeeinheiten, verwaiste Pfarrhäuser, mehr Abstand zwischen Kirchenvolk und Klerus und verlangen heute von Geistlichen Managementfähigkeiten und Mobilität.
Ja, der „Herr Doktor". Er wohnte im evangelischen Nachbardorf, kam zu Sprechstunden ins Dorf und war eine Respektsperson. Jahrzehntelang ging er schon in die Familien, kannte die Dörfler ringsum gut und als Jäger konnte er es auch mit den Bauern.

„Sie sehen aus wie Ihr Großvater, genauso rank und schlank. Das war ein großer Mann, Ihr Großvater!", begrüßte mich der Doktor als Fahranfänger in seiner Praxis. Ich staunte nicht schlecht über das NPD-Plakat hinter ihm an der Wand. Offene Rebellion oder Klappe halten? Der Mut war noch nicht ausreichend für einen Streit gegen die Autorität und Namensvetter Doktor Peter.

Im gleichen Nachbarort wohnte auch unser Tierarzt mit Spitznamen „Beppo", den er natürlich nicht erfahren durfte. Vermutlich erinnerte er mit seinem Wuchs und seiner knorzigen, zuweilen grantigen Art an den Volksschauspieler Beppo Brem. Auch Beppo war ein Original und eine Institution. Besonders dann gefürchtet, wenn er z.B. bei einer Kalbung auf den Hof kam und die Bäuerin kein sauberes Handtuch, Kernseife und heißes Wasser parat hatte. Peinlich wurde es für mich, wenn seine Ehefrau ihn begleitete, meine Biologielehrerin im Gymi: „Heffner, wenn Sie jetzt aufgepasst hätten, hätten Sie mich aufs Kreuz legen können" tönt es in meinen Ohren und der tribünenartige Lehr- und Versuchssaal erscheint vor meinen Augen. Bei ihr hatten wir nicht nur Biologie und Aufklärung, sondern wiederholte Standpauken in Sachen Tabak-, Alkohol- und Drogenkonsum.

Das Dorf meiner Kindheit war ein nahezu geschlossenes System, binnenorientiert, fast autark; in der Jugendzeit wurde es zunehmend offener wie ein Schnürschuh. Der Lokalpatriotismus, der in den Adern pulsierte, bekam mit der Eingemeindung im Rahmen der Gemeindereformen der 70er Jahre einen Dämpfer. Der Verlust der dörflichen Selbstständigkeit brachte nicht nur den Verlust der dorfeigenen, vierstelligen Postleitzahl, sondern auch neue Abhängigkeiten und neue Verbindungen – auch eine gelbe

Telefonzelle. Aus dem Bürgermeister wurde der Ortsvorsteher, die Blasmusik spielte im Dorf, die Politik dagegen in der Kreisstadt, die auch gewann und verlor. Sie musste „BCH“ gegen „MOS“ eintauschen – gefühlt ein Abstieg: vom „Besonders Christlichen Hinterland“ zu den „Menschen Ohne Seele“, spotteten wir Dörfler hämisch über die neue Welt.

In der Zeit des Wirtschaftswunders, als eine Welle der Mechanisierung und Technisierung über die bäuerlichen Betriebe und dörflichen Haushalte mit ersten Traktoren, Waschmaschinen und Fernsehern hinwegrollte, veränderten sich auch das Gesicht und der Puls des Dorflebens.

Eine vielfältige Infrastruktur geriet ins Bröckeln, die uns Kindern spannende, unmittelbare Erfahrungs- und Erlebniswelten, den Menschen Brot und Arbeit und beachtliche Dienstleistungen und Angebote der Dorfkultur bereitstellte. Erinnerungen leuchten auf: an „Post-Liesl“, die in der Dorfpost hinter einem Schalter saß und vor Feiertagen Briefberge und riesige Pakete verarbeitete. Der Briefausträger kam erst zu Fuß, dann mit dem Rad, bald mit dem Auto. Zwei Bäckereien wetteiferten um die besten Stollen und Backwaren; eine nahm auch Brot von privat zum Backen an und wuchs zu einem Lebensmittelgeschäft, nachdem die andere mit Aufschrift „Kolonialwaren“ nur noch die Wirtschaft betrieb. Dort staunte das kindliche Herz über riesige Gläser voller „Unverpackt-Süßigkeiten“. Drei oder vier Dorfwirtschaften? – schwer zu sagen, weil eine wegen zweifelhaftem Ruf und ersten Spielautomaten manchen als „Spelunke“ galt. Die Unter- und Obermühle am schönen Rinschbach, Letztere in Nachbarschaft zu unserem Hof – eine eigene Welt mit Sägewerk, Mahl- und Gerbgängen, die über mehrere Stockwerke mit einem Paternoster verbunden waren. Die Küferei unseres Nachbarn mit akkurat im Garten aufgestapelten Brettertürmen zum Trocknen des Fassmacherholzes; dort auch eine der Grünkerndarren, in der Bauern den teigreif geernteten Dinkel in der Saison bis in die Nacht mit Buchenholz zu Grünkern veredelten, dem dörflichen Nationalgericht bei allen Feierlichkeiten in Dorf und Familie. Eine Dorfmetzgerei, viele Handwerker, ein Schuster: Dieser freute sich, wenn mal ein Kind die engen Staffeln zu seiner kleinen Werkstatt am Kirchenbuckel hinaufstieg und die vielen Gerätschaften und ihn bei der Arbeit bestaunte. Zwei Feierabendfriseure, davon einer hauptberuflich als Polier im Tiefbau, der andere Versicherungsmann, beide versiert in der Hochrasurtechnik bis zum Hinterkopf. Eine frühere Dorfschmiede stellte Gummiwägen her und reparierte Landmaschinen; das Milchhäusle, der Farrenstall mit Gemeindewaage und mächtigen Zuchtbullen am Nasenring. Die Raiffeisenbank mit angeschlossenen Kühlräumen für Schlachtungen und einer Gemeinschaftsgefrieranlage für Privathaushalte; bei einer Geburt übergab sie den Eltern ein Sparbuch mit fünf Mark Guthaben. Arbeitgeber wie das Schotterwerk, wo Muschelkalk für den Tiefbau abgebaut wurde und noch wird; hier fand mein Bruder als Hofnachfolger Einkommen und konnte das mit der Nebenerwerbslandwirtschaft vereinbaren. In der Lampenfabrik-Filiale verdienten Männer aus dem Ort ein Zubrot zum eigenen Hof und Frauen in einem anderen Zweigbetrieb. Das Wasserwerk, das mit seiner beständigen Quelle auch die Kernstadt versorgte; seine Becken waren Objekt der Naturerkundung bei Fröschen und Co. Die schmucke Turn- und Festhalle, bis heute für Schul- und

Vereinssport und Dorffeste genutzt. Als Grundschüler spielten wir dort das Laufspiel „Wer hat Angst vor dem schwarzen Mann?". Die Frage des Jägers beantwortete die Restklasse mit „Niemand"; dem „Und wenn er kommt?" des Jägers folgte die kreischende Antwort „Dann laufen wir davon". Der Gedanke an den Schulsport, an spielerische Angst und Adrenalin, erinnert auch an meine Mutter, die vor lauter Angst die Küchentüre abschloss oder dazu aufforderte, wenn fahrende Händler oder „Zigeuner" im Dorf unterwegs waren. Fremdenangst war kein Einzelfall, bis heute leider.

Enorm diese erlebte vielfältige einstige Infrastruktur. Es ging dort um mehr als um Materielles, das tägliche Brot und Grundbedürfnisse. An allen Orten menschelte es, wurden Neuigkeiten ausgetauscht, ernste Gespräche geführt, Tratsch und Klatsch verbreitet, debattiert und deklamiert, sich des Lebens gefreut oder Sorgen und Nöte geteilt. Lebensqualität durch Nähe war damals kein Projekt, sondern alltagsrelevante Wirklichkeit. Gute Nachbarschaft zeigte sich bei den üblichen Hausschlachtungen, wo wir Kinder reihum „Grittelsuppe" in der Nachbarschaft verteilten und dafür was Süßes oder ein kleines Taschengeld zugesteckt bekamen. Von Nachbarschaftshilfe wäre zu erzählen und ebenso von bizarren Nachbarschaftsstreitigkeiten. Ob Arbeitsstätte, Dienstleistungs- oder Freizeitort: Neben dem funktionalen Aspekt waren sie immer auch wichtige Wegkreuze des dörflichen Miteinanders, des Teilens und Mitteilens, von geteilter Freude und geteiltem Leid.

Ich höre und sehe vor mir die letzten Arbeitspferde, wie sie wiehern und mit Klack-Klack den Wagen durchs Dorf ziehen, in vielen Gehöften muht das Vieh in Anbindehaltung, frühmorgens konzertieren in vielen Gärten die Hähne, winters kreischen Kreissägen beim Brennholzsägen. Rauch liegt in der Luft, Holzmachen und Holzfeuern ist üblich, ebenso Mist statt Gülle. „Wo nicht ist Mistus, da ist auch nicht Christus", für den Spruch nahm ich als Agrarstudent meine Mutter auf die Schippe.

Traditionen, Kirchenfeste und Vereinsaktivitäten waren wichtige Anker im Jahreslauf. Mit „Prost Nöjjoahr, e Bretze grouß wie e Scheurdoar, so dick wie e Ouferohr" begrüßte man sich am Jahresbeginn. Als Kind gierte man auf die blechgroße Hefebretze, ein wahrer Genuss. Die „Faschnoacht" mit Prunksitzung, Bällen, Umzügen und dekorativen Wägen mobilisierte alle Vereine zu höchster Kreativität, bei den Büttenreden wurde manch einer durch den Kakao gezogen. Lust auf Frühling, Lebensfreude und Interesse am anderen Geschlecht wurden wach. Und beim Schnorren in den Dorfwirtschaften kam um Mitternacht beim Maskenlüften manche Überraschung zutage, wenn auch noch Ü-50-Jährige zugange waren. Der Marienmonat Mai mit Pferdesegnung und Prozessionen in Dorf und Flur, das Sonnwendfeuer Ende Juni, im August der „Boartlischdoag" am Patrozinium St. Bartholomäus und der Markt mit Buden und Ständen die ganze Kirchgasse hinauf. Volkstrauertag und Totengedenken am Kriegerdenkmal im ehrwürdigen Hain. Konzerte des Musik- und Gesangsvereins, reges Vereinsleben, auch die Heimspiele der Fußballmannschaften mit hitzigen Kommentatoren am Rand, beispielhafte Anlässe, die die Generationen zusammenbrachte. „Leben und leben lassen", ein wichtiges Lebensprinzip, zeigte sich bei den Vereinen. Neben den großen Vereinen (Musik, Sport mit dominantem Männerfußball, Feuerwehr, Fasnachtsgesellschaft), den geschichtsträchtigen

Vereinen (katholische Frauengemeinschaft, Gesangsverein, Bauernverband) frönten Gleichgesinnte in kleinen Vereinen ihren Spezialinteressen (Fotoclub „Blende 8", Akkordeonverein, Rallye-Speed-Team, Taubenzüchter, Tennisclub, Frauengymnastik).
Das ländliche Dorf lebte und lebt von Menschen, die sich in ihrer Freizeit, in Vereinen, in Funktionen für andere engagierten und engagieren und den Zusammenhalt und Gemeinsinn stärken. Wendel, mein Fußballlehrer in jungen Jahren, war so ein Mensch. Wie viele Stunden hat er auf und neben dem Rasenfeld gestanden, um uns Jungs zu motivieren, zu trainieren, zu Auswärtsspielen zu bringen, zu Erfolgen zu führen, bei Misserfolgen aufzubauen. Seine Begeisterung animierte, über sich selbst hinauszuwachsen. Wendel förderte Spielfreude, Ausdauer, Technik, Teamgeist, Kameradschaft, Lebensfreude und Zusammenhalt. Wendel steht für das Ehrenamt auf dem Land, für eine engagierte Jugend- und Nachwuchsarbeit, die Sozialkompetenzen verleiht und lebenstauglich macht. Menschen wie Wendel gab es einige im Dorf in verschiedenen Bereichen. Hut ab vor ihnen! Vor den Menschen, die sich für das Gemeinwohl, für Karitatives und Kulturelles engagieren für ein „Vergelt's Gott". Ohne Allüren einer guten Sache verpflichtet. Stellvertretend den guten Geistern im Dorf meiner Kindheit gilt Wendel hier mein Dankeschön. Meinen Eltern und ihm habe ich die kleine Fußballerkarriere in der Badenliga mit neuen Freundschaften und Herausforderungen außerhalb des Dorfes zu verdanken.
„Halbzeit, Seitenwechsel": Die Enge im Dorf, die mich in die weite Welt lockte, wo war sie, von den engen Dorfgassen einmal abgesehen? Starrsinn, soziale Kontrolle, Ausgrenzung waren ihr

Synonym. Wer samstags bei helllichtem Tag spazieren ging, löste Irritationen aus. Für Dörfler ein ernsthafter Verstoß gegen die verinnerlichte Arbeitsmoral. Samstag war Werktag, damals auch noch Schultag. Es gab immer Arbeit und sei es, die Straße zu kehren, eine Standardaufgabe für die ganz Kleinen. Nur Ruheständler konnten sich Spazierengehen leisten. Beobachtung und dörfliche Buschtrommeln verbreiteten in Windeseile, wer wem schöne Augen machte, wer welche neuen Kleider in der Kirche trug oder bis ultimo in der Nacht Licht anhatte. Das Private war öffentlich. Wovon würde „Bimbo" in seinen Dorfgeschichten schreiben, der nach dem Krieg bei seiner Großmutter aufwuchs? Eigentlich hieß er Günther und war ein „Befreiungskind" eines farbigen, amerikanischen Soldaten und einer Einheimischen. Was hat er alles erlebt? Ging seine Mutter weg, weil sie nichts zu lachen hatte? Spürten sudetendeutsche Heimatvertriebene, dass sie nicht von allen erwünscht und auf Augenhöhe behandelt wurden? Wie erging es dem ukrainischen Kriegsgefangenen, der nach Kriegsende blieb und die verwitwete Bäuerin heiratete? Was würden die evangelischen Zugezogenen über ihr Ankommen im katholischen Dorfmilieu erzählen? Oder Hajazi, fast gleichaltriger Sohn der ersten türkischen Gastarbeiter, der schwächere Gleichaltrige für das „Kümmeltürke" mit Fausthieben drangsalierte, sodass man Angst bekam, dass er als Nächstes das Messer zückt? Gab es viele Kinder, die übergriffigen Personen ausgesetzt waren und sich nicht wehren konnten? Auch das kam vor. Wer hätte ihnen geglaubt, wenn sie davon erzählt hätten? Gibt es auch solche Dorfgeschichten? Meist bleiben sie unerzählt, die Menschen am Rand waren und sind meistens verkannt.

Wer von der Norm abwich, vom dörflichen Verhaltenskodex oder von dem, was man dafür hielt, löste direkte Reaktionen oder gar Sanktionen aus. Das Narrengericht an Fastnacht war noch harmlos. Suizide und Seitensprünge waren tabuisiert, es gab sie und mit ihnen ein gefühlter Makel in der Familienehre; ebenso bei vorehelichen Kindern. Die soziale Ächtung konnte auch ein Schweigen oder ein Blick sein. Patriarchale Strukturen machten es Frauen nicht leicht, die eigene Vorstellungen hatten und sie verwirklichen wollten. Ehefrauen wurden geschlagen, in Vaters Jugend auch die Jungmänner aus dem Nachbardorf, die Dorfmädchen bussierten. Auge um Auge verteidigte man die Dorfehre. Jungs hatten weitaus mehr Angebote und Privilegien als Mädchen. Was haben sie eigentlich in ihrer Freizeit gemacht, frage ich mich.

Die eigenständige Regionalentwicklung hat den Spruch geprägt: „Strukturschwache Regionen leben von starken Menschen." Von Menschen also, die nicht motzen, sondern anpacken und mitgestalten. In meinem Dorf gab es solche und gibt es sie heute unter geänderten Bedingungen. Es waren und sind immer die Menschen und ihre Kultur des Miteinanders, die ein Dorf lebens- und liebenswert machen. Menschen, die Bewährtes erhalten und bei Bedarf neue Wege gehen, die integrieren statt spalten, Mitbestimmung und Teilhabe ermöglichen statt auszugrenzen. Das Dorf hat Zukunft, wenn eine profilierte Politik für den ländlichen Raum den politischen Anspruch gleichwertiger Lebensverhältnisse und Lebenschancen in Stadt und Land einlöst und die Dorfbewohner dabei mitnimmt.

Nikolaus König (geb. 1969), aufgewachsen in Siedelbach im Hochschwarzwald (Baden-Württemberg)

Auf Sammeltour in unseren Heimattälern

Es waren die immer wiederkehrenden Arbeiten, Feste und Zusammenkünfte, die das bäuerliche Jahr und das kirchliche Jahr einteilten und prägten. Zwischen Weihnachten, Ostern und Totensonntag, zwischen Saat und Ernte, Hochzeiten und Beerdigungen. Es waren auch immer wieder dieselben Menschen, die sich bei diesen Festen und Anlässen begegneten. Bei Feuerwehr und Musikverein, bei den Landfrauen und im Gesangverein. Das war über viele Generationen schon so.

So war es in meiner Kindheit üblich, dass in der Gemeinde verschiedene Sammlungen durchgeführt wurden. Jährlich vor Muttertag wurde für das Müttergenesungswerk gesammelt, Anfang November für die Kriegsgräberfürsorge und zweimal im Jahr – im Frühjahr und im Herbst – für die Caritas. Mit großen

Spendendosen wanderten wir von Hof zu Hof, von Haus zu Haus. Die Bewohner trugen sich dann mit Namen und dem Betrag, den sie spendeten, in die Liste ein. So konnte jeder sehen, was die Nachbarn gespendet hatten. Am besten war es, wenn der Erste in der Liste mit einem höheren Betrag die Messlatte für alle folgenden Spender hoch setzte. Das spornte die Spendenbereitschaft an, denn keiner wollte vor den Augen der Nachbarn als „knickrig" gelten, und unsere Dosen füllten sich. Wichtig war, dass das in der Liste eingetragene Geld auch tatsächlich mit dem Geld in der Dose übereinstimmte.

Meine drei älteren Geschwister und ich durften die Aufgabe des Spendensammelns übernehmen, da unser Vater im Pfarrgemeinderat war und von dort die Dosen mit nach Hause brachte. Es war nicht immer ein dankbarer Job, aber wir lernten so unsere Nachbarn besser kennen. Auch waren wir so eine Art Nachrichtendienst. In den Häusern wurden wir oft begrüßt mit der Frage, was es Neues in den Tälern gäbe und wie es bei uns zu Hause liefe. Die Nachbarn wussten, dass wir von's Bartles kamen und sie hatten jedes Mal dieselben Kommentare „Du bisch ganz de Vater" oder „Du siesch aber ganz de Mutter glich". Dann wurden wir über alles Mögliche ausgefragt, wie es den Eltern ginge und was die Oma mache. Nebenbei erfuhren wir alles Neue aus den Häusern. Vor allem die älteren Bewohner waren froh über diese Abwechslung in ihrem Alltag.

Und das Beste war, dass auch für uns oft etwas abfiel an Süßigkeiten als Belohnung für unseren Dienst für die Mütter und die Kriegsgräber. Manchmal wurde auch nichts gespendet und nur wir wurden für unsere Mühe belohnt. Damit konnten wir gut leben. Schlimmer war es, wenn wir nicht erwünscht waren und uns daher als Bettelkinder vorkamen. Diese Häuser und Menschen merkten wir uns und machten bei den kommenden Sammlungen einen Bogen um sie.

Es kostete auch immer etwas Überwindung, manche Häuser zu besuchen, bei anderen waren wir herzlich willkommen, was es für uns einfacher machte.

Auch konnten wir uns als Geschwister austauschen und gegenseitig unterstützen und ich glaube, wir lernten, Menschen besser einzuschätzen, und übten immer wieder neu, auf sie zuzugehen und auch im Auftrag für andere Bitten zu stellen und Danke zu sagen. Ich kenne heute noch die kleinen Schleichwege und Abkürzungen, die wir gelaufen sind, um die weit verstreut liegenden Höfe mit möglichst wenig Wegzeit dazwischen zu erreichen. Und wir kannten sämtliche Hofhunde und die Länge ihrer Ketten. Wussten, bei wem wir besser zur Stallzeit kommen mussten und wo die Oma immer zu Hause war.

So manchen Nachmittag waren wir unterwegs und haben am Ende der jeweiligen Sammelaktion voller Stolz die Listen samt den Dosen abgeliefert. Wir waren stolz, dass man uns diese „Ehrenaufgabe" übertragen und zugetraut hatte und wir von den Erwachsenen ernst genommen wurden.

Auch auf unseren Hof kamen zu den unterschiedlichen Jahreszeiten immer wieder dieselben Menschen. Entweder, um als fahrende Händler unter der Haustüre oder am Küchentisch etwas zu verkaufen oder um die noch vorhandenen Vorräte abzufragen und Bestellungen aufzunehmen – für Futtermittel und Diesel, für Fassbürsten, Schmierseife und Fichtennadelschaumbad.

Ein Händler, der stets zuvorkommend und nie aufdringlich war und dem ich über die Jahre freundschaftlich verbunden war, kam mit Kälbersticken, Besen, Schaufeln, Mist- und Heugabeln aus dem Odenwald. All diese Waren hatte er sauber sortiert bis unters Dach seines Pkw gestapelt. Es war stets etwas dabei, was wir gebrauchen konnten, und es war für uns selbstverständlich, ihm bei jedem Besuch etwas abzukaufen.

Dazwischen kamen auch Männer, die entweder besondere handwerkliche Dienste anboten oder die mit ihren Spezialwerkzeugen oder Maschinen ihre Arbeiten verrichteten. Neben dem Scherenschleifer kam in den Herbstmonaten immer der Erdäpfeldämpfer zu uns. Wir Kinder freuten uns schon lange vorher darauf.

In unserer Gegend war es üblich, dass über die Wintermonate einige Schweine gemästet wurden. Sie waren unsere Biotonne, bekamen sämtliche Essensreste, die definitiv nicht mehr auf den Tisch gestellt werden konnten, und als Grundnahrungsmittel dienten im Silo eingelagerte gedämpfte Kartoffeln.

Allein schon die Kartoffelernte mit der Familie und manchmal auch den Nachbarn war ein gesellschaftliches Ereignis. Hier wurden neben der Arbeit Neuigkeiten ausgetauscht und Probleme im Familienverbund diskutiert. Für uns Kinder waren diese Gespräche langweilig. Deshalb haben wir die Eintönigkeit der Arbeit des Kartoffelaufsammelns mithilfe fauler Kartoffeln als Wurfgeschosse unterbrochen. Dies brachte uns jedes Mal Schimpfe der Erwachsenen ein, was uns aber nichts ausmachte.

Wir lernten, dass das gute Überleben im Winter von der Ernte im Herbst abhängt. Und uns wurde bewusst, dass die Erde uns ernährt und wie viel Arbeit und Fleiß damit verbunden ist, bis das Essen aus der Erde gegraben war.

Im Drei-Zeinen-System wurden die Kartoffeln schon auf dem Acker beim Einsammeln sortiert. Eine Zeine (ein Korb) für die schönen Kartoffeln, ohne Macken und Verletzungen. Das waren die Speisekartoffeln. Dann eine Zeine für mittelgroße und ganz gleichmäßige Setzer. Diese kamen als Saatkartoffeln im Frühjahr wieder in die Erde. Und die dritte Zeine war für die Kartoffeln mit den Macken, Verletzungen und grünen Stellen, die über den Winter als Schweinefutter in den Trögen landeten. Diese wurden nach der Kartoffelernte zu Hause gewaschen, mit einer mobilen Dampfmaschine gegart und dann im Silo für die Schweinefütterung eingelagert.

Der Tag, an dem der Erdäpfeldämpfer auf den Hof kam, war für mich immer ein Festtag und so konnte es sein, dass ich dafür auch mal die Schule schwänzen durfte.

D'r Hanise Otto kam immer schon frühmorgens mit seinem Traktor und der Dampfmaschine auf dem kleinen angehängten Einachsanhänger auf den Hof gefahren. Er feuerte den Ofen mit Holz, welches wir Kinder immer tags zuvor herbeigeschafft hatten. Damit es gut brannte, tunkte er es zuvor immer noch in Altöl. Der erzeugte Wasserdampf zog in die Behälter mit den Kartoffeln. Wenn diese fertig gedämpft waren, wurden sie in das Silo geschüttet. Wir Kinder durften die warmen Kartoffeln barfuß feststampfen, was sich sehr behaglich anfühlte. Dabei suchten wir einige gute Kartoffeln vorher heraus und hatten nebenbei einen kleinen Festschmaus.

Später haben wir einen eigenen kleinen Kartoffeldämpfer angeschafft, mit dem dann die Kartoffeln immer frisch für die Schweine gekocht wurden. Damit war das Stampfen der Kartoffeln im Silo vorbei, dafür kamen wir öfters in den Genuss von frisch gedämpften Kartoffeln.

Noch heute lässt der Duft von frisch gedämpften Kartoffeln ganze Filmrollen an Bildern vor meinem inneren Auge ablaufen. Und ich merke, wie viele Gerüche, Farben und Geräusche sich in meinem Kinderherzen eingeprägt haben.

Und wenn ich heute eine Spende per Onlineüberweisung tätige, dann vermisse ich die Kinder mit ihren Dosen und auch ein wenig die Listen mit dem Spendenbetrag der Nachbarn!

Regina Aldinger (geb. 1960),
aufgewachsen im Kraichgau (Baden-Württemberg)

Kartoffel-Melken

Wenn ich heute durch mein Heimatdorf im Kraichgau gehe, bin ich immer wieder erstaunt – mir fehlen die vertrauten Klänge und Geräusche. Wo sind die Nachbarsfrauen, die auf einen Schwatz am Fenster stehen, die älteren Dorfbewohner, die sich auf einer Bank niedergelassen haben und von alten Zeiten erzählen? Wo sind die Kinder, die lärmend auf den Höfen oder in den Gassen spielen, sich mit den Fahrrädern Wettrennen liefern, oder die jungen Kerle, die mit ihrem Moped eine Runde nach der anderen vom Ober- ins Unterdorf und zurück rasen, um gesehen und bewundert zu werden? Wo sind die vielen Traktoren, deren unterschiedliches Motorenrattern deutlich voneinander zu unterscheiden zwischen den Häuserreihen widerhallt? Bei meinen Besuchen kommt es mir hier heute fast unbewohnt und museal vor, in großem Kontrast zu all den sinnlichen Eindrücken meiner Kindheit in den 60er Jahren.

Eine vertraute Konstante jedoch gibt es noch – es ist das Schlagen der Kirchturmuhr meiner Taufkirche sowie ihr vertrautes Zwölf-Uhr- und Sechs-Uhr-Läuten, das nach wie vor verlässlich zu hören ist. Es trägt mich immer wieder fort in mein fernes Kindheits-Erleben.

Da waren die langen schneesicheren Januar- und Februarwochen. Was bin ich mit meinen Geschwistern und allerlei Kindern aus der Nachbarschaft Schlitten gefahren! Es gab Jahre, da lag der Schnee so verlässlich, dass wir jeden Nachmittag die verschiedenen Hänge des Dorfs bevölkerten. Da gab es den flachen Anfänger-Hang am Sauberg, er war asphaltiert und man konnte es zunächst mit der halben Strecke versuchen, um die Lenk- und Bremstechnik zu üben. Die steilere Variante war der Grafenberg, eine stark ansteigende Wiese, die am unteren Ende an einem quer gepflügten Feld endete. Obwohl wir immer wieder von den Erdschollen abrupt gestoppt wurden und unsanft vom Schlitten fielen, haben wir wieder und wieder unsere schweren Holzschlitten hochgezogen, um noch einmal diese großartige Belohnung des Schlittenritts zu erleben. Die besonders Mutigen trauten sich zu, am Asbacher Weg bäuchlings zu fahren und sich an anderen Schlitten einzuhängen. Ich erinnere mich an einen Versuch mit drei, vier weiteren Schlitten – es endete nach vergnüglichem Wedeln schließlich in einem schmerzhaften Zusammenstoß! Es hat uns trotzdem Spaß gemacht und man war stolz, zu den Mutigen zu gehören. Erst das Abendläuten trieb uns mit halb erfrorenen Fingern und Zehen nach Hause. Wie gut, dass zu Hause in der Küche das Holzfeuer brannte und wir unsere eiskalten Füße ans Backrohr strecken konnten.

Endlich kam der April und mit ihm die Zeit, die ungeliebten Strumpfhosen im Schrank zu lassen und wieder Kniestrümpfe anziehen zu dürfen. In diese Zeit fielen auch die Konfirmationen, die in unserer mit Kindern gesegneten Familie häufige, groß zu feiernde Ereignisse darstellten. Niemand im Dorf wäre damals auf den Gedanken gekommen, dieses Fest in einer Gastwirtschaft zu feiern. (Es konnte sich wohl auch keiner leisten!) Jede Hausfrau präsentierte sich und ihre Fähigkeit, lukullische Genüsse herzustellen. Das wäre in unserem Fall niemals möglich gewesen ohne die zuverlässige Hilfe unserer Nachbarinnen. Schon zwei Wochen vor dem Fest begannen sie ihr Werk mit dem Backen der Linzer Torten. Ab dem Montag der letzten Woche waren sie täglich im Haus. Da wurden helle und dunkle Biskuitböden gebacken, Frankfurter Kränze, Rührkuchen, Mürbteigböden, Apfel- und Kirschkuchen, Bienenstich und einige mehr. Ab dem Freitag hieß es dann, die Buttercremetorten, Herrentorten, Schokoladentorten, Frankfurter Kränze, Bienenstiche mit Buttercreme zu füllen und kunstvolle Verzierungen aufzuspritzen und mit Schokobohnen und Cocktailkirschen zu verzieren. Den Abschluss bildeten die Obstböden, die leicht verderblich waren und deshalb erst am Samstagmorgen belegt wurden. Waren alle süßen Vorbereitungen getroffen, war das Festessen für die große Verwandtschaft vorzubereiten. Die Markklößchen mussten hergestellt und gerollt werden, da durfte man, wenn man ganz brav war, auch mal dabeibleiben und sich im Rollen von gleich großen (!) Klößchen üben. Heikler war der Eierstich, da sollte man besser draußen bleiben und die Frauen in der Küche nicht stören. Die Nachbarinnen waren die Herrinnen über große Töpfe voller Hochzeitssuppe,

Meerrettichsoße, gekochtem Rindfleisch, Nudeln und Spätzle und Rinderbraten. Es fehlte auch nicht an großen Salatschüsseln und gedünstetem Gemüse. Neben all den helfenden Frauen-Händen in der Küche gab es noch unseren Nachbarn, der verlässlich mithalf, unser Wohnzimmer auszuräumen und Tische und Stühle für die Festgemeinschaft aufzustellen. Bereits am Samstagnachmittag vor dem Fest wurden im Dorf die Konfirmationsgeschenke ausgetragen. Es war üblich, jeder Konfirmandin und jedem Konfirmanden ein je nach Bekanntheits- oder Verwandtschaftsgrad bemessenes Geschenk zu überbringen. Jede schenkende Familie bekam als Dankeschön ein Versucherle der vielen Kuchen und Torten. So hatten alle im Dorf etwas von diesem großen Tag. Die besonderen Torten und Kuchen mussten jedoch für das eigentliche Familienfest am Sonntag unangetastet bleiben und wurden erst am Konfirmationstag angeschnitten. Hier zeigte sich, dass die Anzahl von dreißig bis vierzig Kuchen keineswegs zu großzügig bemessen war. Am Samstagabend war alles geschafft und voller Aufregung sahen wir dem kommenden Fest entgegen.

Ein weiterer Festtag im Jahreskreis war der Muttertag Anfang Mai. Da suchten wir mit den Schwestern und Freundinnen die üppigsten Blumenwiesen auf und pflückten prächtige Blumensträuße mit Margeriten, Butterblumen (Hahnenfuß), Glockenblumen, Gänseblümchen, Flockenblumen, Wiesenklee, Storchenschnabel, Salbei, Sauerampfer, Schlüsselblumen, Nadelkisselchen (Wiesen-Witwenblumen) und Vergissmeinnicht (Ehrenpreis) für unsere Mütter. Wer würde wohl die meisten Sträuße schaffen? Da meine Schwestern und ich zu dritt waren, hatten wir gute Chancen, die meisten zu schaffen. Ich erinnere mich an den Rekord von

15 Sträußen, die am Muttertagmorgen unsere Küche schmückten, als unsere Mutter um neun Uhr aus dem Stall kam. Was waren wir aufgeregt und stolz, ihr solch einen Empfang zu bieten, ihr ein freudiges Danke zu sagen und sie mit feuchten Augen voller Rührung zu erleben.

Das Fronleichnam-Fest der Katholiken stellte für mich als Tochter einer seit Generationen engagierten Protestanten-Familie etwas Mirakelhaftes dar, auf das ich sehr neugierig war. Bei uns ging es doch nüchterner zu, wir liefen nicht mit einem Baldachin und das Weihrauchgefäß schwenkend durch das Dorf und die Fluren. Aus heutiger Sicht kann man sich kaum vorstellen, dass in den 60er Jahren noch so etwas wie eine unsichtbare, gläserne Mauer durch ein hauptsächlich protestantisch geprägtes Bauerndorf im Kraichgau ging. Die katholischen Mitbürger, das waren die anderen; wir Evangelischen, das waren die Eigentlichen. Fast schäme ich mich, für so viel übernommenen Hochmut. Aber kann ein achtjähriges Mädchen dies anders sehen als seine Eltern? Eigenes Denken gab es dann doch bei mir – ich half meiner katholischen Schulfreundin beim Pflücken von Wiesenblumen für die herrlichen Blumenteppiche der Freiluft-Altäre, die eine von mir bewunderte ältere Frau der katholischen Gemeinde gestaltete. Ich mochte sie sehr und lieferte ihr stolz meine Eimerchen mit Margeriten-, Butterblumen- und Flockenblumenköpfchen ab.

Es folgten die scheinbar endlosen Sommer. Das Dorf war voller Aktivität und Anspannung. Alle Hände wurden gebraucht; meine Brüder waren schon vor ihrem zehnten Geburtstag in die Arbeit auf dem Feld eingeplant und freuten sich, dass sie zu den Großen gehörten, deren Arbeitskraft geschätzt wurde. Da hatten wir Mädchen einen gewissen Schonraum und konnten uns – abgesehen vom Abliefern der Kännchen mit Stärkungstrunk für unseren mähdreschenden, unter einer dunklen Staubdecke kaum zu erkennenden Vater – etwas Abkühlung verschaffen. An einen Freibadbesuch war jedoch als Bauerntochter nicht zu denken. Wer hätte Zeit gehabt, uns ins nahe Freibad des Nachbardorfs zu bringen, geschweige denn zu begleiten? Glücklicherweise war unser Dorf voller Kinder und alle waren auf nasse Sommerfreuden aus. Man konnte zum Kelterbrunnen gehen, das war der alte Waschplatz am Rande des Wiesentals, und von den alten Waschsteinen aus ins Wasser springen. Selten war man allein, da war immer jemand da. Er lag unter Haselnusshecken und Holunderbüschen schön im Schatten, es wurde dort nie zu heiß. Manchmal saß auch unser alter Kirchendiener auf einer Bank, Fridder genannt, schaute uns wohlwollend zu und grinste mit seinem fast zahnlosen Mund.

Mein eindrücklichstes Sommererlebnis war das große Stauen am Gaulbach. Hier versammelte sich nahezu die ganze Dorf-Kinderschar. Die Großen hatten den Bach mit Steinen, Grasbüscheln und Erde derartig gestaut, dass er – von meinen Kinderaugen aus betrachtet – gefährlich tief war. Aus sicherer Entfernung beobachtete ich die ausgelassenen Großen und die besonders Mutigen bei ihren Sprüngen, Schwimmübungen und Tauchgängen. Ich selbst begnügte mich mit dem Plantschen weit hinter der Staustelle im sicheren seichten Bachbett.

Die Kartoffelernte läutete das Ende des Sommers ein. Auch hier waren ganz selbstverständlich einige Nachbarinnen und Tagelöhner mit dabei, als wir die Kartoffeln auflasen, die mein Vater oder einer meiner Brüder vorher Reihe für Reihe mit

Traktor und Schleuderroder ans Tageslicht befördert hatten. Dazu brauchte es einen sonnigen Tag und idealerweise einen abgetrockneten Boden. Denn sonst musste man Kartoffel für Kartoffel von der feuchten, klebrigen Erde befreien. Eindrücklich ist mir, dass einer unserer Helfer – Robert – hier von Kartoffel-Melken sprach. Wie eine große und vertraute Gemeinschaft bückten wir uns und füllten die Drahtkörbe, um sie dann in die bereit gelegten Säcke zu leeren. Beim Abendläuten und der untergehenden Sonne konnte man genau sehen, wie viel man geschafft hatte, und die Säcke wurden aufgeladen. Am Ende des letzten Tags dann folgte das ersehnte Kartoffelfeuer, dessen Duft ich noch heute in der Nase habe und der eine Dankbarkeit in mir aufsteigen lässt: für dieses tiefe Gefühl von größtmöglicher Geborgenheit – alles schien am richtigen Platz, dem Gesetz der Jahreszeiten seit Urzeiten zu folgen, alle wichtigen Menschen um mich herum gaben Sicherheit und Vertrautheit. Was konnte mir schon passieren?

Eine meiner frühesten Kindheitserinnerungen stellt ein Dreschtag im November dar. Große Aufregung lag in der Luft, denn heute war unser Hof dran mit dem Dreschen. Die Dreschmaschine der Genossenschaft stand in unserer Scheuneneinfahrt und machte einen Lärm, der mich als vierjähriges Kind ängstlich stimmte. Ich flüchtete mich ins Haus, aber hier war auch alles ganz anders als üblich. Ein Raum im Erdgeschoss war gänzlich ausgeräumt worden und war gefüllt mit Stühlen und großen Tischen, auf denen frisch gebügelte weiße Tischdecken lagen. Gedeckt war das Goldrandservice – es musste also etwas Besonderes heute los sein. In der Küche standen unsere mir vertraute Nachbarin und eine weitere Helferin aus dem Dorf und kochten Kartoffelbrei und

Rotkraut in riesigen Töpfen und brieten Koteletts für die hungrigen Männer, die nach getaner Arbeit hereinstürmten und sich satt aßen.
Der letzte Monat des Jahres brachte zwei weitere Dorfereignisse mit sich: das Krippenspiel in der evangelischen Kirche und die Weihnachtsfeier des Männergesangvereins.
Das alljährliche Krippenspiel der Kirchengemeinde habe ich einerseits herbeigesehnt und auch gefürchtet. Ich freute mich auf die Proben in der ungewohnt kalten Kirche mit unserem alten, von der übermütigen Kinderschar etwas überforderten Pfarrer, fürchtete aber die Rollenvergabe. Würde ich eine ersehnte, große Rolle ergattern oder eine Figur im Hintergrund sein? Da meine älteren Geschwister mit dem Elternpaar Maria und Josef schon vorgelegt hatten, war die ersehnte Rolle vorgezeichnet. Es klappte tatsächlich – einmal war ich der Erzengel Gabriel, Maria also ziemlich nahe, und im darauffolgenden Jahr klappte es mit der Maria-Rolle, die ich mit Inbrunst spielte.
Zur traditionellen Weihnachtsfeier des Männergesangvereins an einem Adventssamstag versammelte sich ein Großteil der Dorfbevölkerung. Die Sänger mit ihren Ehefrauen, der Dirigent mit seiner Frau und die Honoratioren des Dorfs feierten sich und das erfolgreich verlaufene Jahr mit einem gebührenden Festabend. Der Jagdpächter spendete einige frisch erlegte Rehe aus dem Dorfwald und eine erfahrende Köchinnen-Gruppe bereitete einen vorzüglichen Rehgulasch samt Spätzle und Salat. Es war wie immer das ersehnte Festessen, bei dem manche Alltagsfehde in den Hintergrund trat und man sich freute, die Mühen des Arbeitsjahres geschafft zu haben und hinter sich las-

sen zu können. Die neu erbaute Turnhalle erstrahlte in festlichem Glanz und nach den Ansprachen von Bürgermeister, den beiden Pfarrern, dem Dirigenten und dem ersten Vorstand konnte man es sich schmecken lassen. Natürlich gab es die eine oder andere Gesangseinlage des Gesangvereins und zu später Stunde konnte das Tanzbein geschwungen werden. Die Dorfgemeinschaft hatte wieder einmal ein Jahr miteinander durchlebt und zueinander gestanden in Freud und Leid.
Meine Kindheitserfahrungen und der wachsende Respekt vor der Lebensleistung meiner Eltern und Großeltern geben mir heute im fordernden Großstadtleben eine innere Ruhe und Stärke, für die ich dankbar bin.

Ilse Meyer (geb. 1960) und Maria Elsner-Simon (geb. 1952), aufgewachsen in Stapelermoor in Ostfriesland (Niedersachsen)

„Skandal in Schnut"

Birken, Birken, Kiefern und alte Weiden. Schönes braunes Moor, köstliches Braun! Die Kanäle mit den schwarzen Spiegelungen, asphaltschwarz. Die Hamme mit ihren dunklen Segeln, es ist ein Wunderland, ein Götterland. So hat Paula Modersohn-Becker 1897 das Moor beschrieben. Wir können uns nicht vorstellen, dass sie jemals in diesem Wunderland gelebt hat oder gar von diesem Götterland leben musste.

Unser Heimatdorf Stapelermoor wurde im wahrsten Sinne des Wortes und in harter Handarbeit aus dem Moor gegraben. Es ist erst 1936 entstanden. Das Nachbardorf „Stapel" gibt es schon viel länger, dort konnte 1992 schon „200 Jahre Stapel" gefeiert werden. Unser Dorf war ein Reihendorf ohne Ortskern im tiefsten Ostfriesland. Es war eine Kette von Einzelgehöften, die sich aus unterschiedlichen Gründen hier im Moor angesiedelt hatten. Ohne Bürgermeister, ohne Arzt, ohne Hebamme, ohne Schuster, keine Schule und kein Kleidergeschäft und auch keine Kirche. Die Schule, in die wir beide noch eingeschult wurden, lag in Stapel. Das waren bestimmt 5 Kilometer Fußweg. Dann wurde aber eine neue moderne Schule gebaut, die nur 2 Kilometer entfernt war. Die katholische Kirche, zu der wir gehörten, war 20 Kilometer entfernt.

Keiner war mit keinem verwandt. Viel Dorfgemeinschaft gab es nicht. Es gab ja auch kein Dorfzentrum. Da war zwar eine Gemeinschaftsgefrieranlage, aber nicht mal da traf man jemanden. Aber es gab einen kleinen Kaufmannsladen. Eigentlich mehr ein Wohnzimmer mit Tresen. Wir können uns nicht erinnern, dort oft eingekauft zu haben.

Unsere Eltern machten ein „Eiertauschgeschäft" am Sonntag nach dem Kirchgang auf dem Weg nach Hause. Der Laden gehörte einer Frau aus der katholischen Gemeinde, die ihn nach dem Gottesdienst immer für uns kurz öffnete. Die ganze Wochenration Eier, verstaut unter der Kofferraumklappe im VW-Käfer, wurde eingetauscht gegen das, was die Familie so brauchte. Und das war ja nicht so viel, weil der Garten und die eigenen Tiere schon viel von dem lieferten, was man so brauchte. Brot wurde einmal pro Woche – immer die gleiche Bestellung – vom Bäckerwagen gebracht.

Man traf eigentlich nie jemanden. Die Milch stand an jedem Hof jeden Tag in Kannen an der Straße zur Abholung bereit. Ein Trecker mit Anhänger fuhr die Kannen die fünf Kilometer zur Molkerei. Obwohl es ein Trecker war, wurde das Gefährt immer „Milchkutscher" genannt. Geschlachtet wurde einmal im Jahr. Dann kam der Hausschlachter vorbei und tat seine Arbeit.

Unser Elternhaus 1965.

Handwerker brauchten wir auch kaum: Mein Vater konnte einfach alles.

Auf der einen Seite lagen alle halben Kilometer kleine Bauernhöfe, damals mit Getreide, Kartoffeln, Kühen, Hühnern, Gänsen, Schweinen und einem Pferd. Wer eine dieser 10 ha großen Siedlerstellen haben wollte, musste sich darum bewerben. Nach dem Krieg war unsere Hofstelle noch frei, meine Eltern bekamen sie und fingen dort an zu wirtschaften. Sie waren als Vertriebene aus Schlesien hierhergekommen, hatten in der Zwischenzeit drei kleine Jungen und mussten, bis die notwendigsten Baumaßnahmen fertig waren, in einer Behelfsunterkunft ohne fließend Wasser und ohne Strom wohnen. Dort wurden noch Zwillinge geboren. Als sie anfingen, war noch gar nichts vorhanden, nur eine schnurge-

rade, unbefestigte Straße mitten durch nasses Moorland, so mussten erstmal kilometerlange Drainagegräben ausgehoben werden. Die ostfriesischen kleinen roten Häuser mit den tief gezogenen Dächern, die hier nach und nach entstanden, passten zu den Bewohnern. Hier wohnten keine reichen Leute. Acht Hofstellen standen in den genannten Abständen und jedes Häuschen hatte sein Kreuzchen, wie mein Vater immer sagte. Bei den einen war es der Alkohol, den anderen das fehlende Geld oder ein uneheliches Kind, manchmal gleich mehreres und überall viel Handarbeit.
Am Ende der Langen Straße gab es noch kleinere Grundstücke. Hier bauten sich Familien nach dem Krieg kleine Häuschen auf nur einem Hektar großen Land. Die meisten von denen waren Moorarbeiter und hatten nebenbei eine kleine Gärtnerei. Nur das letzte Haus war ein Einfamilienhaus und schöner als alle anderen. Dort wohnte der Torfverwalter. Wir nannten ihn deshalb Torfmeyer.
Überwiegend waren es Ostfriesen, die hier siedelten. Eltern, Großeltern und Kinder lebten zusammen mit ihren Tieren, dem entsprechenden Futter unter einem Dach in einem Gulfhaus, einer typisch ostfriesischen Bauweise. Im Laufe des Sommers wurde der Gulf mit Futter für die Tiere gefüllt, und je näher man dem Frühjahr kam, desto mehr Platz ergab sich für die inzwischen geborenen Tiere. Der Heugulf ergab dann so nebenbei für uns Kinder eine wunderbare Spielstätte.
In der Nachbarschaft besuchte man sich und man half sich auch, wenn die Kuh schwer kalbte oder man das Telefon benutzen wollte. Wir bekamen nämlich sehr spät Telefon, dafür hatte mein Vater schon früh einen Geburtshelfer. Wir Kinder waren die Kuriere,

die „Bescheid-Sager“. Und bevor die Eltern ihre Arbeit ruhen ließen, schickten sie uns Kinder mit einem bestimmten Auftrag zu „Taant Tini“. Erwachsene wurden mit Onkel oder Tante angesprochen. Und von der Geburt eines weiteren Geschwisterchens bis zur Anfrage nach einem Gerät oder anderer Hilfe erledigte diese Aufträge eines der Kinder, das gerade abkömmlich war. Manche Aufträge waren gar nicht beliebt. Zu groß war die Angst vor den bellenden und nicht immer angebundenen Hofhunden.
Die Ausnahme waren Besuche bei Familien ohne Hund und einmal im Jahr das Martinisingen. Im November machten wir uns mit einer Laterne in der Hand und einem Beutel für die erwarteten Gaben auf den Weg zu den Häusern und Gehöften in der Nachbarschaft. Mehrere Lieder hatten wir zuvor mehrstimmig geübt. Das Singen war in unserer Familie ein stets erlaubtes und kostenloses Vergnügen – konnte man doch dabei verzögerungsfrei weiterarbeiten. Die Ausbeute des Martinisingens konnte sich sehen lassen: Apfelsinen, Äpfel, Pfeffernüsse, Moppen, Walnüsse, Bonbons und andere Köstlichkeiten, die es im Alltag bei uns nur selten gab. Sicherlich hat manch eine ostfriesische Familie über unseren Geschwisterchor geschmunzelt.
Wenn jemand gestorben war, kümmerten sich die Nachbarn. Sie sagten im Dorf Bescheid und luden zum „Abschiednehmen“ ein. Das Abschiednehmen in Ostfriesland gibt es noch heute und findet meist schon am nächsten Tag statt und ist nur für engere Verwandte und Nachbarn. Der Verstorbene wurde auch von den Nachbarinnen zu Hause gewaschen, angezogen und aufgebahrt und die nächsten Nachbarn sorgten für die Bewirtung der Trauergäste. Manche Frauen konnten das nicht, dann machte

es eben eine andere. Die Männer mussten den Sarg tragen. Irgendwann war das vorbei, denn die Arbeitnehmer konnten und wollten sich nicht für jede Beerdigung freinehmen und genauso wollten die Bauern nicht immer den Sarg tragen müssen. Lange Jahre hatten wir auch keinen Dorffriedhof, erst vor 30 Jahren ist einer entstanden und ist immer noch ganz einfach. Bis dahin war der Friedhof neben der Schule in Stapel.

Am Neujahrstag besuchten sich die Bauernpaare und wünschten sich ein gutes neues Jahr. Da gab es dann Alkohol (Würfelzucker mit Schnaps und einem Minilöffel im Schnapsglas), genannt „Pingelsöppke", und Branntwein mit Rosinen, genannt „Kinnertön". Und die schönen ostfriesischen Neujahrskuchen. Das sind fein aufgerollte Waffeln, ähnlich einer Eistüte und in einem speziellen Waffeleisen gebacken. Jede Familie schwört auf ihr Rezept – mit Anis, Kardamom. Man probiert aber auch die der anderen Hausfrau, nur um festzustellen, dass die eigenen die besseren sind. Unsere Mutter bewahrte diese Köstlichkeiten in einer Milchkanne auf. Die Ostfriesen nennen diese knusprigen Waffeln auch „Skandal in Schnut" weil man sie ohne zu krümeln unmöglich essen kann. Aber es lohnt sich, denn sie sind unglaublich lecker.

Auf der gegenüberliegenden Straßenseite unserer Hofstelle war das Hochmoor. Das wurde damals noch abgebaut. Am Rande dieses großen Areals, direkt hinter Torfmeyers Haus, führte eine Stichstraße bzw. ein Sandweg am Rande des Hochmoores entlang und dort hatte jede Familie einen Torfstich zugeteilt bekommen. Wenn wir in Frühling, Sommer oder Herbst gerade nicht auf dem Feld im Einsatz waren, befand sich die ganze Familie bis Mitte der

60er Jahre im Torfstich. Unser Vater stach mit einem extra dafür vorgesehenen Breitspaten die nassen Torfsoden und wir legten sie vorsichtig im Abstand zueinander auf die nächsthöhere Stufe, damit sie antrocknen konnten. Schlimm war es, wenn es dann gleich in den nächsten Wochen viel regnete, denn das tat den Torfsoden nicht gut. Nach einer kurzen Trockenzeit wurden diese Torfstücke gewendet, sodass auch die Unterseite trocknen konnte. Und dann konnte endlich gestuukt werden: immer zwei Soden parallel und die nächsten beiden im rechten Winkel dazu. Nicht zu hoch, damit bei Sturm diese Stapel standhalten konnten. Im Sommer noch einmal umstuuken und nach einer längeren Trockenperiode wurde im Herbst der gesamte Torf aufgeladen und nach Hause in die Torfscheune gebracht. Von dort holten wir täglich mehrmals in einem Torffass das Brennmaterial in die Küche.

Selbst für eine erfahrene Hausfrau war es eine Herausforderung, mit dem Torf zu kochen: Am besten brannte der Schwarztorf, es gab aber vor allem auch den etwas schlechteren Weiß- und Brauntorf. Und nach einem nassen Sommer waren die Torfstücke manches Mal nicht bis ins Innere trocken geworden. Manchmal ging das Feuer aus, manchmal brannte es zu stark. Nicht selten brannte etwas an. Und was war das Ende vom Lied? Es gab Schimpfe von den Eltern und Brüdern, und alles Angebrannte wurde der Köchin zum Essen rübergeschoben.

In unserer Kinderzeit sah oder hörte man frühmorgens die Moorarbeiter. Anfang der 50er Jahre konnte sich kaum ein Moorarbeiter ein Moped leisten. Eher sah man damals alte Fahrräder, und wenn es knatterte, war es der Hilfsmotor an dem einen oder anderen Fahrrad. Viele kriegsversehrte Arbeiter waren darunter. Und immer wieder waren wir fasziniert, wenn Einbeinige mit nur einem Bein fuhren; das zweite nicht benötigte Pedal war ganz einfach abmontiert. Das einbeinige Fahren probierten wir auch, aber ohne eine Konstruktion, die den aktiven Fuß mit dem Pedal fest verband, gelang das nicht. Mit einem festgebundenen Fuß konnte man zwar ein wenig fahren, aber nicht ohne Sturz absteigen. Dann machte das keinen Spaß mehr.

Später in den 60er Jahren fuhren die Moorarbeiter dann mit ihren knatternden Mopeds vorbei. Kurz danach starteten die kleinen Torflokomotiven, die den ganzen Tag auf den schmalen Gleisen in dem großen Moor hin- und hertuckerten. Eine große Maschine grub die nassen Torfsoden aus dem Moor und die Männer stapelten diese zum Trocknen auf. Fertig getrocknet wurden die Torfstücke dann in die Loren geladen, zum Torfwerk gefahren und in die Lastwagen gefüllt. Von dort wurde das Material dann weiter transportiert.

Das riesige Moor war durchzogen von Gleisen und von tiefen wassergefüllten Gräben. Auch gab es einen Moorsee. Für uns Kinder ein Paradies: weiches braunes Regenwasser umgeben von Binsen, Wollgras, Moosen, Heide und vom wunderbar riechenden Gagelstrauch.

Unsere älteren Brüder erzählen gerne, dass sie sich nach Feierabend im Moor herumtrieben. Sie waren wohl alle technisch begabt und in der Lage die Loks kurzzuschließen. Dann sind sie so lange hin- und hergefahren, bis der Tank leer war. Die Arbeiter hatten dann am nächsten Morgen einen langen Fußweg zu ihren Maschinen zu gehen und waren sicher nicht gut auf diese vielen hochdeutschen Lümmel zu sprechen.

Es hat lange gedauert, bis unsere Eltern im Dorf wirklich dazugehörten. Argwöhnisch wurden sie anfangs von den Ostfriesen beobachtet: so viele Kinder und so fleißig. Und dann hatten sie ja ein zinsloses Darlehen als Lastenausgleich bekommen. Darauf waren einige neidisch. Wann immer etwas schiefging, war dies ja kein Wunder, mit so vielen Kindern. Wann immer etwas gut ging, war dies auch kein Wunder, mit einem zinslosen Darlehen.

Die hochdeutsche Sprache mit dem unverkennbar schlesischen Einschlag irritierte die Ostfriesen, sie sprachen untereinander Plattdeutsch. Außerdem gab es für unsere Eltern neben der Arbeit keine Zeit für Geselligkeiten, Vereinsleben und Feiern. Zumal man für den Boßelverein oder den Schützenverein hätte in Nachbardörfer fahren müssen. Lediglich der freiwilligen Feuerwehr schloss sich unser Vater an.

Und zu allem Überfluss waren wir auch noch katholisch, das war das nächste Ausschlusskriterium, denn so gehörten wir nicht mal zur örtlichen Kirchengemeinde. Die katholische Kirche lag im nächsten größeren Ort und damit in einem anderen Landkreis, 20 Kilometer entfernt. Wir fuhren zwar regelmäßig zum sonntäglichen Gottesdienst dorthin, aber konnten am restlichen Gemeindeleben der Entfernung wegen nicht teilnehmen. Katholiken gab es in der näheren Umgebung nur wenige: eine polnische Familie und ein ehemaliger Zwangsarbeiter aus der Ukraine, der eine ostfriesische Bauerntochter geheiratet hatte. Zum Religionsunterricht wurden die katholischen Kinder vom Herrn Pfarrer abgeholt und alle zusammen unterrichtet; ansonsten hatten wir aber auch mit denen kaum was zu tun.

Obwohl wir Kinder außerhalb der Schulzeit vor allem mitarbeiten mussten, war es recht langweilig auf dem Hof. Außer dem gelegentlichen Besuch eines Vieh- oder Schrotthändlers sahen wir nur die Moorarbeiter und freitags einen Fischhändler mit einem Kastenfahrrad vorbeiradeln. Ein Sandweg war es, mit vielen Kuhlen und Löchern. Daran erinnern wir uns besonders, weil unsere Mutter, hinter Vater auf dem Motorrad sitzend bei jeder Pfütze die Beine hob, damit ihre Schuhe und Strümpfe einigermaßen sauber blieben. Ihr fiel es zu, den Arm vor Abbiegevorgängen rauszuhalten. Diese beiden Gewohnheiten konnte sie nicht ablegen, als die Familie das erste Auto, einen VW-Käfer, bekam, zu automatisiert waren diese. Bei jeder Pfütze hob sie weiterhin die Beine hoch und beim Rechtsabbiegen stieß sie sich immer wieder die rechte Hand an. Wir Kinder saßen hinten im Auto und amüsierten uns darüber.

Unsere Nachbarn auf der linken Seite waren sonderbare und scheue Ostfriesen. Mit denen konnte man gar nicht befreundet sein. Diese Menschen bekam man eigentlich nie zu sehen.

Dann kamen wir: eine große Familie, die kein „Platt" sprach, mit acht Kindern und ohne Großeltern. Bei uns war es laut und turbulent, was niemanden störte. Es gab viel Arbeit und wenig Geld.

Auf der anderen Seite wohnte eine sehr muntere ostfriesische Familie. Ihr Haus war wesentlich schöner als unseres. Man sah die Leute oft im gepflegten Garten und bei der Arbeit. Das junge Ehepaar hatte gerade geheiratet. Und so waren die Alten älter als meine Eltern und die Jungen deutlich jünger. Die Jungen gingen sehr gerne feiern und tanzen – mit anschließendem Spiegeleieressen in der gemütlichen Küche. Dort konnte man sich nur wohlfühlen. Die Tochter des Hauses blieb zehn Jahre Einzelkind, bekam dann erst einen Bruder und war deshalb viel mit uns jüngeren Kindern zusammen. Sie fühlte sich zwischen uns Kindern wohl. Mit dieser lieben Familie hatten wir am meisten Kontakt und mit den Jahren wuchs die Freundschaft zwischen unserer Mutter und der „jungen" Frau, obwohl sie 17 Jahre voneinander trennten.

Einen sehr guten Freund fanden unsere Eltern in Christoph. Der wohnte mit seiner Frau in einem der sehr kleinen Häuser und war Arbeiter beim Gleisbau. Der sah, dass meine Eltern so viel schwere Arbeit leisten mussten, und ihm tat wohl vor allem meine Mutter leid. So bot er seine Hilfe an und ist treu das ganze Bauernleben meiner Eltern jeden freien Tag gekommen, um meinen Eltern zu helfen, bei allem, was so zu tun war.

Außerdem gab es die jährlichen Treffen der Schlesier. Unsere Großeltern und die Geschwisterfamilien wohnten in Leer, Hannover, Braunschweig und Köln und wollten auch besucht werden. Im Winter trafen sich die „Vertriebenenfamilien" aus der Gegend zum Federschleißen. Viele Säcke mit Federn kamen dann auf den Tisch und wurden zu warmen Betten verarbeitet. Das kannten die Ostfriesen nicht, wurden auch nicht dazu eingeladen. So konnten sie mal wieder richtig Schlesisch sprechen.

Aber das ist jetzt alles schon lange Geschichte. Vor zehn Jahren ist auf der anderen Seite der Straße ein großes und wiedervernässtes Naturschutzgebiet mit einem 1,7 Kilometer langen Moorlehrpfad entstanden. Dort wachsen nun wieder Heide, Wollgras, Birken, Moos und es gibt alle Arten von Bodenbrütern, Libellen und bestimmt auch viele Kreuzottern.

Nach längerem Nachdenken kommen wir beide heute zu dem Schluss: Wenn auch diese schrecklich stechfreudigen Moor-Mücken im Sommer jeden Tag pünktlich ab 17 Uhr über uns herfielen, so waren es doch wunderbare Sommer im Moor mit Gerüchen nach wunderbarer heiler Natur, wie man sie wohl kaum anderswo finden kann.

Birken, Birken, Kiefern und alte Weiden. Schönes braunes Moor, ..., es ist ein Wunderland, ein Götterland.

Vielleicht hatte Paula Modersohn-Becker doch ein bisschen recht!

Annette (geb. 1962),
aufgewachsen am Niederrhein (Nordrhein-Westfalen)

„Unser Dorf soll schöner werden"?

„Für gewöhnlich sieht der Mensch nur das Stoppelfeld der Vergänglichkeit; was er übersieht, sind die vollen Scheunen der Vergangenheit. Im Vergangenen ist nämlich nichts unwiederbringlich verloren, sondern alles unverlierbar geborgen." (Viktor Frankl)

Ich liebe dieses Zitat, wenn ich einen Kondolenzbrief schreibe. Aber für unser Dorf? So weit ist es noch nicht, dass ich kondolieren müsste. Oder doch? Früher verließen die meisten das Dorf nur durch den Tod. Seltsamerweise blieben sie sogar dann, weil ihre Geschichten blieben, weil die, die sich erinnerten, auch blieben. Aber ich blieb nicht. Wenn ich heute über den Friedhof unseres Dorfes gehe, lese ich die Namen auf den Grabsteinen und kann jeden Menschen auferstehen lassen. Seine Gestalt, sein Wesen, seinen Hof und sein Wirken. Hinter jeder Fassade könnte ich heute noch die Möbel stellen, die Familien platzieren wie in einer zeitlosen Puppenstube. Die vielen verschiedenen Häuser assimilieren zu meinem großen Zuhause.

Wenn es Beileid gibt, gibt es dann auch Beifreude? War unser Dorf nicht prallvoll damit? Und stimmt das obige Zitat überhaupt für ein Bauerndorf? Frankl war Beamtensohn und konnte nicht wissen, wie beruhigend die leeren Stoppelfelder wirkten, welche Fülle sie bei aller Arbeit ausstrahlten, welche Vorboten von weniger Arbeit sie waren; es schienen sogar die Kühe zu spüren, selbst die Schatten der Hochspannungsmasten lagen länger und stiller auf dem Feld. Die Stoppelfelder trugen verheißungsvoll das baldige Pflügen und Ruhen der Erde in sich, nachdem wir Kinder vorher noch mit den Autos darauf „crossen" durften. Die modernen Eltern redeten den Kritikern ein, dass gerade diese Übung die Kosten der Fahrschule enorm senken werde. Stoppelweitwurf gegen die Sonne mit allen Kindern aus der Nachbarschaft. Und da öffnet sich schon das ganze Theater! Das Leben besteht aus Geschichten, nicht aus Atomen. Vorhang auf! Unser Dorf aus den 60er Jahren öffne sich!

Und heute, über 50 Jahre später, weiß ich nicht, ob das kleine Mädchen Komparsin, Schauspielerin, Regisseurin, Beleuchterin oder Kamerafrau war. Auf der Bühne erscheinen Figuren, die alle gleich und alle verschieden waren. Alle Höfe waren ungefähr gleich groß oder klein, jeder Deutz machte das gleiche Tucker-Geräusch, jedes Dorf hatte ein einheitliches Grün für den Anstrich der Stalltüren, in fast jedem Haus waren schon – modern und evangelisch – meist genau zwei Kinder. Alle Bauern hatten ähnliche Sorgen, Kies vorm Haus, Backsteinhöfe, große Tische für viele Helferinnen und Helfer und genau ein (!) Auto für drei Generationen.

Alle die gleiche abwischbare blaue Eckbank, die jeden Hintern des Dorfes kannte. Die sommerlichen Blumenkästen vor den Häusern trugen alle Geranien mit Männertreu, alle Eltern trugen dunkle Anzüge und lange Kleider, wenn sie zu den Bällen gingen. Kirmes, Schützenfest, Bauernball, Jägerball, Reiterball. Des Jahres Lauf. Im Alltag trugen die „alten" Frauen Kittelkleider, auf dem Tanzparkett aber 4711 oder Tosca. Perlonkittel wurden modern, die leider verhinderten, dass wir Kinder lange auf dem Schoß sitzen konnten; sie waren einfach zu rutschig. Die Männer arbeiteten in derben Cordhosen, die sie Manchesterbuxen nannten. Es unterschieden sich Schmuck, Bildung, Promille, Bücherschränke, Tischwäsche, Klavierstunden. Aber alle hauchten morgens gegen die Eisblumen am Schlafzimmerfenster. Und immer noch fuhren alle den gleichen Trecker.

Ein Spaziergang durch das Dorf meiner Kindheit dauerte lange, weil alle draußen waren: spielen (!), arbeiten, Wäsche aufhängen, Fenster putzen, Kirschen pflücken, Auto waschen, Kühe treiben, Schweine misten, Hühner schlachten, Reifen wechseln, Teppich klopfen, Kies harken, Zäune streichen, Papier verbrennen (Müll gab es nicht), Hecke scheren, Maschinen schweißen, Gespräche über Gott und die Welt, gerade und gern mit uns Kindern. Als seien wir eben genau das Fenster zur unbeschwerten Nachkriegswelt; dieses Gefühl trug mich durch die Kindheit, von der ich annahm, dass genau mein Dasein alle Nachbarn und Verwandte (das war fast dieselbe Gruppe!) brennend interessierte, wieso sonst konnte ich einfach in jedes Haus einmarschieren? Leben gab es ja genug, Sterben auch. Weil alle Ohren hatten, die direkt mit dem Herzen verbunden waren, konnte man fragen „Rat mal, wer gestorben ist! Da kommste nie drauf!" Im Theater des Dorfes und des Lebens war wieder eine Rolle frei, die man nie wieder im Original besetzen könnte. Trotzdem wurde im Gasthof getanzt, die Bälle wurden in großem Stil abgehalten, das Glas erhoben auf Willi, Heinz oder Lieschen, die direkt gegenüber des „Dorfkrugs" aufgebahrt lagen und auf ihr letztes Fest warteten. Nichts schloss sich aus. Alle hielten zusammen. Was man nicht besaß, wurde geliehen. Uns Kindern gehörte die Welt. Aus heutiger Sicht war der Krieg erst gerade vorbei, ganze 17 Jahre vor meiner Geburt. In dieser Zeit wird heute kein neuer Flughafen mehr fertig. Meine Oma sagte vor 30 Jahren: „In der Not teilte man seinen letzten Schinken mit den Nachbarn. Heute geht es allen zu gut." Vielleicht eins der Patentrezepte? Diese Gemeinschaft, der Zusammenhalt, das war mein soziales und emotionales Gefüge voller Möglichkeiten, es gab keinerlei Grenzen – nur die moralischen! Kein Haus hatte verschlossene Türen, wir liefen quer durch alle Zimmer, riefen, bis wir jemanden fanden, Klingeln gab es nur bei den wenigen „Zugezogenen", die oft zur Bundewehr gehörten und weiterzogen. Keine fremden Kirschen, die wir nicht hätten pflücken dürfen, jeder Stall zum Aufwärmen offen, Molche aus allen Hoftümpeln gefischt, Grundstücksgrenzen gab es nicht, als wüssten alle, dass unsere Vorfahren das einst öde Land gemeinsam fruchtbar gemacht hatten. Einzig eine alte graue Frau in einem alten grauen Häuschen verteidigte ihren Besitz lautstark gegen Hunde, Kinder und Katzen. Wir nannten sie „die Hexe".

Die „normalen“ Menschen freuten sich über fremde Hunde vor der Tür, bevor sie sie nach Hause schickten – sie hießen Bello, Rex oder Struppi und trugen keine Kindernamen.
Alle Schlüssel steckten in den Treckern. Ich schließe bis heute unser Auto nicht ab vor dem Haus. Nie. Nur in der Stadt. Es gab ein Grundvertrauen, das so selbstverständlich war, dass man es gar nicht bewusst als Vertrauen fühlte. Im Gegenteil, ich finde es bis heute ganz normal. Obwohl ich schon lange 500 Kilometer weit weg lebe, sind tatsächlich alle Bilder, Gefühle und Augenblicke unverlierbar geborgen.
Die Spannung stieg bei uns Kindern, wenn mal wieder jemand gestorben war. Es gab nämlich die interessantesten Krankheiten: „Verkalkt zu sein“ z.B. gehörte zum Alter dazu und hörte sich im Gegensatz zur Demenz direkt liebevoll an. Ich stellte mir das wie eine Laufmasche im Kopf vor, nichts Dramatisches. Auch „offene Beine“ schienen nicht so gravierend, denn es betraf so viele. Zu gerne hätte ich diese sagenumwobenen offenen Beine auch einmal offen gesehen, aber leider waren sie immer mit dicken grauweißen Verbänden verdeckt, die „Lappen“ genannt wurden und auch so aussahen. „Ich muss Willi noch die Beine wickeln“ hieß es immer. Pflegedienste gab es nicht. „Lisbeth hat Wasser“ klang gefährlich – „wenn das erst mal bis zum Herz steht ...“ Die gichtknotigen alten Hände. Doch das Schwarzlichttheater bot noch mehr: Regelmäßig gab es Unfälle mit einem Stier, einen nicht heilenden Biss von einem Eber, es wurden Arme oder Beine in Heuwendern verloren, ab und zu fiel jemand vom Heuboden oder, schlimmer, ins Förderband oder Mähwerk. Man konnte im Jauchekeller oder im Silo ersticken. Es gab Versehrtensport für alle, die im Krieg Gliedmaßen verlo-

ren hatten. Auch ein Holzbein bekam ich leider nie zu Gesicht, obwohl jeder darüber sprach, wie auch über die Totaloperationen der Frauen, die „in“ waren. Ein Mann hatte verkürzte Sehnen an den Händen, weil er als Junge zu Fuß auf der Flucht den schweren Koffer tragen musste. Nur nicht loslassen! Leistenbrüche, Rippenbrüche – das Leben im Dorf barg echte Krankheiten oder keine. Männerschnupfen gab es nicht, jedenfalls saßen sie alle auf dem Trecker, Holzbein und Schnupfen hin oder her.

Es gab allerlei Vertriebene: Braunkohlevertriebene aus dem Westen und Heimatvertriebene aus dem Osten. Es gab Knechte, Spätheimkehrer, Kriegerwitwen, Vermisste, Entnazifizierte und erste Kernkraftgegner. Und jeder wusste das. Aber irgendwie kannten sich alle über Generationen, es wurde viel geredet, aber nicht böswillig gelästert. Ein Geklüngel (=Affäre) und uneheliche Kinder waren auch allen bekannt, vielleicht – merke ich gerade beim Tippen – war es der offene Umgang mit Geheimnissen, der diesen keine Macht verlieh. Die Menschen kannten die Schicksale der anderen. Toleranz war kein Thema, sie war einfach die Souffleuse.

Die Menschen meines Umfelds sind bis heute die unsterblichen Figuren auf dem Parkett. Wir nannten alle „Tante“ und „Onkel“. Es waren Hunderte. Bei Tante Minchen gab es jeden Sonntag einen „Puddingschnaps“ für mich, den ich liebte. Stelle sich das heute einer vor! Es war tatsächlich echter Eierlikör und ich war acht Jahre alt. Tante Minchen (1899 auf „Wilhelmine“ getauft) hatte viele zarte weiße Härchen im Gesicht und eine Perlmuttspange im dünnen Dutt. Kein Alleinstellungsmerkmal damals. Ihr Klavier hatte Kerzenhalter, unseres leider nicht. Eine andere Bäuerin hatte nur

Eierplätzchen in der Dose. Kopftuch statt Perlmutt – ich wusste also bald, dass trockene Eierplätzchen, eine enge Küche, ein herzliches Lachen und ein bissiger Spitz die Requisiten dieser kleineren Bühne waren. Meine Spaziergänge waren relativ weit, da in unserem Dorf nur Einzelgehöfte liegen. Tante Minchen hatte ihrer kinderlosen Schwester ein Kind geschenkt, damit deren Hofnachfolge (und Mutterliebe) auch versorgt war. Das Kind Flora, Cousine meiner Oma, sagte zu der einen Mutti, zu der anderen Mama und das Leben ging seinen Gang. Keine Angriffsfläche, keine Verurteilungen. In 400 Meter Sichtweite lebte ein altes Paar, von dem man sagte, sie schlügen sich und der Mann müsse im Stall schlafen. Das musste untersucht werden! Kaum erschien der alte Henn bei seinem täglichen Rundweg an unserem Hof, lief ich auf die Straße, um ihn nach Hause zu begleiten. Er hatte einen Buckel, heute würde man Morbus Bechterew sagen, was die Verständigung vereinfachte, ich war noch nicht mal sieben Jahre alt. Er war so knurrig, hatte Hände groß wie Rhabarberblätter und wie alle alten Männer damals riesengroße Abstehohren und Tropfen an der Nase. Ich hatte immer ein mulmiges Gefühl, aber die Neugierde war stärker. Eines Tages konnte ich seinen Bretterverschlag betreten und denke bis heute, eine Schlafkuhle im Stroh erkannt zu haben. Seine Frau war ein Biest, immer ohne Strümpfe, mit verschränkten Armen, schwarzen Füßen und so tiefen Halsfalten, dass keine Seife sie erreichte. Sie trug keinen weichen Flaum im Gesicht, auch keine Stoppeln – es waren Borsten. Sie schrie immer. Aber ohne all das wäre sie eben nicht die Alwine gewesen. Ihnen gegenüber wohnte ein alter Schneider mit seiner uralten Mutter und Schwester, um dessen Haus ich gerne schlich, um zu sehen, ob er wirklich im Schneidersitz auf dem Tisch hockte. Dieses ganze Unnormale war so normal, dass es mir erst heute komisch vorkommt, wie meine Mutter mich kleines Mädchen bat, „doch mal mit dem alten Henn zu laufen, der ist doch immer so allein".

Dieselbe Strecke lief ich aber auch an Opas Hand. Wir hatten verschiedene Tricks, um aus dem Gang ein Abenteuer zu machen: Die Eierplätzchen-Frau (zum Puddingschnaps ging ich lieber allein), Kartoffeln aufsammeln, die in der Kurve vom Wagen gefallen waren, Rüben vom Feld für unsere Hasen klauen und das Christkind suchen. „Na, sucht ihr wieder das Christkind?", fragten die Leute. Und ja, wir haben immer kleine Süßigkeiten gefunden. Dass das immer erst auf dem Rückweg war, ist mir damals gar nicht aufgefallen. Was ich sagen will, ist, dass man das Leben der anderen mitlebte, fühlte, auch beobachtete. Wenn ein Mann abends allein Rad fuhr, konnte ihm schnell eine Ehekrise angehängt werden, ein kaputter Auspuff über Wochen gab Hinweise auf eine knappe Kasse, neue Fenster am ganzen Hof verrieten eine plötzliche Erbschaft, Affären auf dem Hochsitz wurden belächelt, aber nicht „ins Netz gestellt". Wie konnte bloß immer Gras über eine Sache wachsen, wenn die Fakten so offen auf der Wiese lagen? Es gab für alles eine Erklärung. Was man selbst noch nicht wusste, wussten der Briefträger, Tierarzt oder Molkereidirektor. Eine schlechte Ernte, Schweinepest, Liebesbriefe ... alles kam irgendwie raus. Datenschutz unterbrach nur den Informationsfluss.

Die Feste wurden gefeiert, wie sie fielen. Ich bin mir sicher, dass für die großen Feiern sogar vom überzogenen Konto bezahlt wurde. 120 bis 200 Leute waren keine Seltenheit, von Hochzeiten über runde Geburtstage bis hin zur Beerdigung. Taufen, Konfirmationen,

Kirmes in jedem Dorf. Legendär. Die, die gerade „jemanden über Erde stehen hatten", mussten zu Hause bleiben oder durften zumindest nicht tanzen. Allerstrengstens verboten! Auch das Trauerjahr wurde in Kopf und Kleidung streng eingehalten. Wer heiraten „musste", war ebenfalls - bis zur Goldhochzeit! - in aller Munde. Die Geschenke zu Geburtstagen waren Kaffee, Pralinen, Likör und 4711, die alle gleich verpackt blieben und als Wanderpokale weiterverschenkt wurden. Wir Kinder bekamen von jedem (!) Gast eine Tafel Schokolade oder eine Mark. Milka behielt ich, Sarotti gab ich weiter. Heute darf man weder Kindern noch Hunden ungefragt ein Leckerli geben. „Darf die Kleine denn ein Gummibärchen?" Unser lukratives Geschäftsmodell an der Haustür ist ausgestorben; es würde sich auch heute nicht mehr lohnen!
Sehr interessant waren die Kirmesbesuche. Unser Dorf soll schöner werden! Der ganze Hof und Garten, sogar die Scheunen wurden auf Vordermann gebracht, die Wände gekälkt, die Ställe der Mastschweine gestrichen und alle Metallstangen geölt, damit sie Glanz hatten. Dann kam der Besuch, der für diese Nummer aber nicht aus dem eigenen Dorf stammen durfte. So gingen nach dem Kaffee alle Frauen in den (Gemüse-)Garten, um sich dessen Bestellung und Vielfalt anzusehen, die Männer im feinen Anzug durch die Ställe ..., während wir Kinder mit der Oma im Haus alles von Kaffee auf Abendessen umbauten. Es wurde höflich gestaunt und wichtig beratschlagt. Auf dem Tisch standen immer „Hochzeitssuppe", Rindfleisch mit Remouladensauce, Herrencreme, Zigarren und Bier. Und wenn dieses Spektakel vorbei war, dann freuten sich alle auf das nächste Opfer, also den nächsten „Kirmesbesuch", denn so hieß es. Es ging reihum

durch die Dörfer. Das Prinzip ähnelt irgendwie dem heutigen Fernsehformat „Land & Lecker“, nur dass es außer meinem inneren Auge keine Kamera gab. Die einzigen Filmrollen liegen in meinem Kopf, und mein Bruder, sechs Jahre jünger, hat es schon nicht mehr so erlebt, da es bald keinen mehr gab, der im Garten die Saatrillen zog oder den Kühen für die Kirmes die Schwänze kämmte. Auch die Kochfrau Else, die mit weißer Schürze auf dem Gepäckträger auf die Höfe radelte, gibt es nicht mehr. Sie half bei Kindtaufen und Konfirmationen, konnte in jeder Küche kochen. Wie hat man das ohne Cateringservice inklusive Leihgeschirr eigentlich gemacht? Else kochte noch bis ins hohe Alter für die Hochzeiten ihrer Taufkinder.

Die Orte im Dorf, die es nicht mehr gibt, besuchte ich, meist auf dem Trecker sitzend, liebend gern. Da pulsierte das Leben. Die Molkerei, zu der schon lange keine Milch, aber immer noch das Getreide geliefert wurde, war ein herrlicher Platz. Eine Kulisse für jeden Heimatfilm. Wenn die Sonne es durch die milchigen Fenster geschafft hatte, stieß sie sofort auf Spinnweben, verzauberte den Staub zu tanzenden Lichtern und lud uns ein, die steile Holzrutsche für die Säcke zu nehmen. Wir wussten, bei welchem Arbeiter das heimlich erlaubt war. Dass viele eine Mehlstaublunge hatten, wussten wir nicht. Mit dem Zentner-Sack auf den Schultern blieben sie der Inbegriff von Männlichkeit. Lagen alle Mastfutter- oder Düngersäcke auf dem Wagen, baute mein Vater kleine Höhlen, in denen ich für die ganze Heimfahrt hocken konnte. Ich fand immer schon „ein bisschen gefährlich“ und „ein bisschen illegal“ am interessantesten und das Dorf bot dazu die beste Kulisse. „Ein bisschen gefährlich“ war auch ein Schweinedieb auf unserem

Hof. Er kam, als das Dorf ausgestorben war, weil alle „Spiel ohne Grenzen" guckten. Alle! Darauf war Verlass. Der Dorfpolizist bekam eine Aufgabe und unsere Scheunen Schlösser. Wir Kinder harkten den Sand vor den Ställen, weil wir Fuß- und Reifenspuren untersuchen wollten. Leider kam der Dieb nie wieder, die Schlösser rosteten ein. Aber alle meinten zu wissen, wer es war.

Es gab ein wunderbares Instrument, um die Trockenheit des Getreides bestimmen zu lassen. Es hatte den fantasielosen Namen Feuchtigkeitsmessgerät. Herr Woge bediente es und ich könnte ihn 50 Jahre später noch malen beim Mahlen; letztlich bestimmten er, das Barometer und diese heilige Prozentzahl den Tagesablauf. Heute findet sich auf jedem Ackerbaubetrieb ein solches Teil, aber das wichtige Gesicht und das feierliche Verkünden der Zahl werde ich nie vergessen. Auch die anderen Bauern standen damals mit ihren Proben da und beratschlagten. Sollte man es wagen? Den Mähdrescher anwerfen? Die Trocknungsanlage? Oder abwarten?

Mit den Höfen und deren Bewohnern starben auch die kleine Drogerie, in der man Hipp, Rattengift und 4711 kaufen konnte, die drei Schmieden, vier der fünf Gasthöfe, die Sparkasse, die Molkerei, der Polsterer, der Schneider, ein Schuster im grauen Kittel, mehrere Tante-Emma-Läden, der Blumenladen, die kleine Dorfschule, durch Eingemeindung das Bürgermeisteramt, kleine Tankstellen mit Tankwarten, die Gemüsegärten, die Försterei und sogar der Bahnhof, wo der Diensthabende den Schalter, die Weichen, die Lautsprecher gleichzeitig und die Schranken noch mit der Kurbel bedienen musste. Es hätte mir gefehlt, wenn er nicht beim Schreiben der Fahrkarte gefragt hätte, was ich denn eigentlich in Münster will.

Der Brotwagen fuhr über Land, Toni hieß sein Fahrer, der bissige Schäferhunde, uns und später noch meine Kinder in den Ferien mit Brötchen besänftigte, die er aus dem Fenster warf. Er half mir auch, das schwere Samtkissen zu tragen, als ich Kissenmädchen im Hofstaat des Schützenkönigs war. Die Orden waren für den langen Lauf durchs Dorf einfach zu schwer. Seine Schwester goss für meine Mutter beim Beerdigungskaffee ein, da meine Mutter vor Aufregung immer zitterte. Dieser Dienst war besonders wichtig, konnte es doch in der Nachbarschaft jeden treffen und alle Frauen hatten immer die passende Garderobe dafür parat liegen. Von allen Menschen wusste man, wo sie wohnten, wo sie herkamen, welche „Geschichte" sie hatten. Auf jeder Eckbank habe ich gesessen und den Gesprächen der Erwachsenen gelauscht. Meine Kinder waren aber noch nie im Haus unserer Nachbarn. Wo ist diese unschuldige Nähe geblieben? Man darf auf einem Dorf nicht nur wohnen, sondern muss da leben wollen.

Zum Dorfleben gehörte auch ein Besuch im Gefrierhaus, wenn ich in den Ferien meine hessische Oma besuchte. So viele Kühlfächer, der große Schlüssel, so viele Frauen mit interessanten Strumpfhaltern unterm Kittel. Diese konnte ich mir genauestens angucken, weil sie sich so weit in die eiskalten Fächer vorbeugen mussten. Ich kam immer mit einer Dose Erdbeeren und einer Neuigkeit zurück. Für das Fahrrad war mir der Rückweg auf den Aussiedlerhof zu steil: Irgendjemand würde es mir schon zurückbringen. Als ich dort mal beim Dorfmetzger Wilhelm vorbeiging und ins Schlachthaus hineinschaute, flitschte er mir mit zwei Fingern ein frisches Schweineauge vor die Füße. Da lag es nun und guckte mich an. Ich weiß noch, welchen Anorak ich an dem Tag trug, fühle die kalten Fliesen durch die Gummistiefel. Einen Triumph gönnte ich dem laut lachenden Metzger nicht. Der Menschenkunde in der Schule unseres Lebens galt sicherlich der meiste Unterricht.

Am Sonntag gab es wie selbstverständlich eine Art Frühschoppen im Wohnzimmer, zu dem so manch alter Nachbar (natürlich unangemeldet) erschien, es wurde Zigarre geraucht (die man auch als Nichtraucher immer bereitzuhalten hatte) und gefachsimpelt, meine „Sendung mit der Maus" fiel dem zwar zum Opfer, aber lernen konnte ich genauso viel. Krankheiten der Menschen und Tiere. Ob der „Euterschütze" wieder zugeschlagen hatte, der nachts den Kühen mit dem Gewehr durchs Euter schoss, wer trank und wer seine Frau schlug. Das Neueste aus dem Kirchenvorstand. Und Bonn rauf und runter! Im Gegensatz zu heute kannte ich alle Minister. Der beißende Qualm stand noch in der Luft, wenn die Männer gingen und der echte „Frühschoppen" mit Werner Höfer über den Bildschirm lief, danach das Sonntagskonzert. Der Vater mit Krawatte. Eine gute Gelegenheit, die leeren Schnapsgläser der Gäste zu kontrollieren: Meine Kinderzunge reichte gerade bis auf den Grund des Glases, wenn ich sie in einer routinierten Kurve verrenkte. Die kleine Pfütze schmeckte interessant.

Einer der Onkel (mein Urgroßonkel Fritz) hatte einen Freund, mit dem er jeden Tag eine Runde lief. Mit dabei der kleine Pudel. Wenn sie am Ende noch nicht fertig erzählt hatten, saßen sie im Straßengraben im Gras, philosophierten und waren zufrieden. Zu Frieden. Ich habe diesen Frieden leibhaftig gesehen. Onkel Fritz blieb auf dem Hof, der jüngere Bruder Carl durfte Medizin studieren (was der Hof erwirtschaften musste). Obwohl sich das Dorf bis heute darüber einig ist, dass Fritz der Gescheitere gewesen wäre. Aber ob der Carl zufrieden war? Im Gras sitzen konnte er jedenfalls nicht. Und die Vorbeifahrenden hielten an. Mit Fahrrad oder Trecker, oft auch mit dem Auto, Scheibe runter – verdunkelt waren diese eben noch nicht! Nicht anhalten? Kein Wort? Nur im Notfall zu entschuldigen.

Eine „schwere Steißgeburt", die die „Mutter fast zerriss" – nein, kein Kalb, das Kind der Stiefcousine meiner Oma – „hatte ein bisschen wenig Sauerstoff" bei der Geburt. Die arme Tante Emmi trug danach ein Korsett und der Junge war „zurückgeblieben". Er durfte den Führerschein machen, der aber nur für unseren Kreis Gültigkeit hatte. Denn da kannte er sich aus! „Sich auskennen" sicherte also das Überleben – und war auch eines der Patentrezepte des Dorfes.

Sehr lustig auf dem Dorf waren auch die bekannten „Gene" oder die Spitznamen, von denen die Betroffenen natürlich nichts wussten, die sich aber über Jahrzehnte hinweg hielten. So gab es den Einäugigen, was selbsterklärend ist, aber das „knallrote Gummiboot" war eine rothaarige eingeheiratete Städterin, die so manches „Geklüngel" verursachte, die „Maus" blieb das Leben lang die Maus (heute 75), weil sie bei ihrer Heirat so jung und klein war. Der „Bauchladen" hatte den dicksten Bauch, den man sich vorstellen konnte, und die „Goldmarie" sollte angeblich eine sehr hohe Mitgift auf den Hof mitgebracht haben. Der „Katte Buur" hieß so, weil seine Mutter Katharina hieß und die Nachbarkinder das nicht aussprechen konnten. So wurde eine Katte daraus, „beim Katte Buur links abbiegen" ist immer noch eine sichere Wegbeschreibung, obwohl alle Beteiligten lange tot sind und der Hof verkauft. Vom „wilden Herkules" kenne ich bis heute nicht den echten Namen. Er ist in seiner Jugend der 40er Jahre so wild auf seiner Herkules gefahren, dass er den Beinnamen nicht mehr loswurde. Der Heckendackel wuselte den ganzen Tag übereifrig im Garten hinter der dicken Hecke, seine kurzen Beine brachten ihm den Dackel ein. Vor lauter Heinrichs auf den Höfen hießen sie dann Henn, Heinrich, Hein, Heini, Heinerle, Hennerchen, Heinemann. Je nach Generation. Und so hieß dann der ganze Hof, hinkte aber immer zwei Generationen hinterher. Geschichten wie die des schwarzen Hochzeitsanzugs von Onkel Fritz, der nach tagelangem Lüften in der Linde (aus Armut) wieder zurückgebracht wurde, überlebten hundert Jahre. Der edle Zwirn war nur zur Auswahl, seine süße Braut, das Minchen, nicht. Wenn heute jemand ins Dorf kommt, um einen Alteingesessenen zu heiraten, wissen die Alteingesesseneren auf jeden Fall schon vorher, ob das gutgehen kann. Die Konfessionsgräben waren zwar nicht mehr ganz so tief, aber die Gene sind bekannt und ließen manchmal Schlechtes ahnen, besonders, wenn es sich um notorische Fremdgänger handelte, Hang zum Alkohol oder um übertriebenen „Geschäftssinn", der dann genetisch über allem stand und darum für Andersdenkende nicht gerade passend erschien. Diese Qualitäten waren seit Generationen bekannt und auch nach Auflehnung der toleranten Jugend gegen diese Schubladen haben doch die Gene und die Kenntnis der DNA-Analysen immer recht behalten.

Die festen Rollen im Dorf waren der Friedhofsgärtner, der Küster, der gleichzeitig auch Totengräber war – nicht selten lagen Knochen in der aufgeschütteten Erde –, dann waren da der Pastor, der Hausarzt für alle, ein Landschaftsmaler, der Heimatdichter, der Brotwagenfahrer Toni, der Tierarzt und der Postbote Alfred, der sich schon mal gerne um die Bäuerinnen kümmerte, deren Männer im Nebenerwerb arbeiteten. Da gab es morgens mindestens ein zweites Frühstück für ihn. Dass deswegen die Post erst nachmittags kam, tolerierten alle. Die Briefchen, die ein Gemeindearbeiter und eine (verheiratete) Nachbarin sich gegenseitig in eine alte Eiche steckten, waren dorfbekannt. Wer Mut hatte, las sie einfach. Aber alle hielten dicht. Ich gucke heute noch automatisch in diese Astgabel, wenn ich vorbeifahre. Unser Postbote rief schon von weitem „Post aus Sydney", denn er wusste – wie alles –, dass ein ehemaliger polnischer Kriegsgefangener unseres Hofes nach Australien ausgewandert war. War ich im Urlaub, schrieb ich „Viele Grüße auch an dich, Alfred" auf die Karte und er bedankte sich jedes Mal. Er wusste auch, wer die „Praline" las, und alle anderen wussten es dann auch. Für die Post und alle Pakete reichte ein großes gelbes Rad mit Gummistrippen. Unser Milchwagenfahrer nahm mich als kleines Kind morgens ab vier Uhr mal mit auf seine Runde durch den Kreis. Es erstaunt mich erst heute, wie weit wir fahren mussten, bis ich die Namen der Leute nicht mehr kannte. Eigentlich hätten wir das Dorf – außer zum Gymnasium – nicht verlassen müssen, es kamen ja alle „über Land": die Besenfrau, der Eierpeter, der Schrotthändler, der Tierarzt, der fahrende Kaufmann, die Knöpfefrau, der Brotwagen, der Lesezirkel, der Hausfrisör. Es wurde allen aus Anstand etwas abgekauft, ob man es nun brauchte oder nicht. Sogar der Kinderarzt kam aus der Kreisstadt zum Hausbesuch. „Kranke Kinder sollen nicht zum Doktor kommen, da muss der Doktor zum Kinde fahren" hörte ich ihn auf der Treppe schon raunen, wenn er meinen meningitiskranken Bruder täglich besuchte. Die Welt hat sich gedreht, ist „ver-rückt“ (ge-)worden und die Menschen gleich mit. Aber warum? Wem dient diese Entwicklung hin zu was eigentlich?

Der Friedhofsgärtner (mit der krummen Koffer-Hand) fing Spatzen und sperrte sie ein. Ich schlich mich immer wie ein kleiner Heckendackel zu seinem Garten, manipulierte die Käfige mit kleinen Stöckchen und schenkte ihnen die Freiheit. Sehr zum Vergnügen des Gärtners, der mich jedes Mal heimlich beobachtet hatte, wie er mir erzählte, als ich zehn Jahre später Babysitter für seine Enkel wurde.

Machte der Hausarzt aus dem Nachbardorf einen Hausbesuch am Krankenbett, bekam er ein stocksteif gestärktes Leinenhandtuch und immer neue Seife. Er verhinderte die Wahl einer sehr beliebten Vikarin, weil er „sich nicht von einer Frau beerdigen lassen wollte“. Gestorben ist er dann aber trotzdem – das Zitat stirbt aber nie, so ist das auf dem Dorf. Nur, dass Augen und Ohren für diese Geschichten aussterben.

Heute sind viele Berufe, Beziehungen, Geschäfte, Höfe und Gasthäuser verschwunden, abgerissen oder wie meine geliebte Molkerei in Wohnungen umgebaut. Der alte Platz mit seinen Pfützen und der Verladerampe ist heute eine sogenannte versiegelte Fläche. Dort parken nun die Autos der Doppelverdiener, die das Geld für die Ganztagsbetreuung ihrer Kinder überweisen. Die neuen Familien sind oft unsichtbar, die Häuser am Tage verwaist. Sie haben die „Freiheit“, so zu leben. Abenteuer erleben die Kinder vielleicht im Urlaub. Unter Aufsicht. Sie sind irgendwie alle „verklinkert“ worden.

Das Dorfmobile ist aus seiner Balance geraten.
Uns halfen noch eine Bügelfrau, ein Kirschenpflücker mit flinken Fingern, eine Küchenhilfe mit neun Fingern, eine Näherin, die „Stulle" zum Butterbrot sagte, der alte Melker August, der nur zur Strohernte kam und „aufstechen" konnte, der Haus- und Hof-Maurer Jeppe, der Doppelkorn trank und dessen Frau Gartenzwerge sammelte. Alle kamen gern, hatten Familienanschluss, bekamen Weihnachtsgeschenke. Sie gaben mir das Gefühl, ihnen tüchtig geholfen zu haben. Viele hatten ihre Höfe im Osten verlassen und wir Kinder wurden gebeten, besonders lieb zu den „Flüchtlingen" zu sein, die – und deren Kinder – diesen Titel 77 Jahre später immer noch tragen.
Es sind nun Straßen begradigt, Menschen beerdigt, Bauplätze verkauft, Windparks errichtet. Die drei Höfe, die zu meiner Zeit noch wie Bullerbü ein Bollwerk gegen Industrialisierung der Landwirtschaft, gegen Selbstoptimierung und Vereinzelung der Bewohner standen, sind seit Jahren völlig beziehungslos. Und das, obwohl ich als Kind noch die kranken Alten in deren Schlafzimmern besuchte (sie lagen knöchern und klein unter dem dicken Federbett), beim Schlachten auf die Kinder aufpasste, wir fünf Kinder (zur Zeit meiner Mutter waren es dort zwölf!) bei allen Altersunterschieden miteinander spielten. Die Bank zwischen den drei Höfen war oft besetzt für einen Klönschnack; heute steht ein Hof zum Verkauf, einer hatte schon viele Besitzer, einer baute aus für eine Mietpartei, die keiner kennt. Deren Einzelkind käme wohl nie auf die Idee, dass es bei meinen Eltern in der Nachbarschaft Kekse geben könnte und immer noch eine Eckbank. Wir kennen ihre Namen nicht – auf dem alten Hof könnte ich fünf Generationen beschreiben.

Als meine Oma in den 50er Jahren eine schwere Gelbsucht hatte, kam ein kleines Mädchen (heute 70) aus dem Dorf gern an ihr Bett, nur weil es „noch nie eine so gelbe Frau gesehen hatte", spielte nebenbei mit der Schmuckschatulle und fand das ganz famos. Helikoptereltern gab es nicht. Gelbsucht wird heute gegoogelt.
Ganz selbstverständlich war es auch, eine Tasse Zucker, Mehl oder Butter zu leihen. Die Sonntagskuchen als Vorbereitung für den unangemeldeten Besuch sind verschwunden, der geteilte Alltag auch. Es gibt nicht nur Kontaktabbrüche, sondern auch Zwietracht, Missverständnisse, eiserne Vorhänge. In den 60er und 70er Jahren wurden noch Maschinen gemeinsam unterhalten, gebrauchte Ställe gekauft, abgebrochen und zusammen mit den Nachbarn bei uns wieder original aufgebaut, ein Safe transportiert, der Gummiwagen für den Erntedankumzug geschmückt, Lieder und Sketche für Hochzeiten geschrieben, Dächer nach dem Sturm neu gedeckt. In memoriam haben meine Freundin und ich einen VZSF gegründet (Verein zum strahlenden Fenster) und eine gemeinsame kleine Fensterputz-Maschine gekauft, so wie man sich früher ein Güllefass teilte. Die Nachbarn waren sich gegenseitig Halt und gemeinsames Leben. Ich habe sicher Tausende Schinkenröllchen für Verwandte aus der Stadt gewickelt, die abends natürlich zum Essen kamen. „Da sind sie schon wieder!", rief mein Vater entsetzt, wenn der Audi über den Kies knirschte, um dann strahlend die Tür zu öffnen. Das konnte spät werden. Und meistens doch noch interessant.
Es wurden neue Küchen, Kleider, Kinder und Kälber begutachtet und abgesegnet. Mit einer Auswahl Abschlussballkleider ging ich

zu Tante Frieda, unserer Nachbarin, im Alter meiner Oma (*1912). Ich zog sie alle für sie an. Sie suchte das aus, was ich schon präferierte, obwohl es schwarz war und ... als ich es beim Abschlussball trug, war Tante Frieda schon tot. Ein Schlaganfall beim Kochen. Da lag sie nun. Ihre Tochter rief zuerst meine Oma und dann den Krankenwagen an. Das Naheliegendste – im wahrsten Sinne des Wortes. Tante Frieda! Wenn sie wüsste! Wenn sie wüsste, dass sich Höfe, die sich mal ein Telefon teilten, heute nichts mehr zu sagen haben. Wenn sie wüsste, dass ihr Sohn meinem Vater schon lange nicht mehr zum Geburtstag gratuliert, seit Jahren kein Schnäpschen mehr. 1958 hockte er als Kind unter dem Altar, um die Hochzeit meiner Eltern mit dem Tonband aufzunehmen. „Neumodern" sagten die Alten – eine wunderschöne „Dorf-Vokabel". Der Zeitgeist nagt an so mancher Verbindung. Die Gemeinschaftsbank ist verwaist, die Politik zog von Bonn nach Berlin und der gute alte Frühschoppen zog einfach nicht mit in die neue Zeit.
Bei den neuen Postboten reicht es nicht mehr, „An Oma und Opa" auf den Briefumschlag zu schreiben. Kein Bauer hält mehr an, um ein Schulkind gegen den steifen Wind des flachen Landes mitsamt dem Rad auf den Anhänger zu wuchten. Sie kennen sich gegenseitig gar nicht mehr! Je weniger Menschen, desto besser scheint mir der Zusammenhalt. „Dichtestress", sagte mein Vater und sah zu, dass das im Stall ausblieb. Unser Berliner Untermieter – ein Werkstudent – fragte neulich erstaunt, ob es normal sei, dass Nachbarn bei uns einfach so „vorbeikommen". Er kannte das überhaupt nicht und konnte es sich für seine Eltern nicht vorstellen. „Die würden ausflippen!" Sind wir die Letzten unserer Art?
Die Menschen ziehen sich zurück. Aber auf den Halligen oder in

noch gut erhaltenen (Bauern!-)Dörfern, wo zugezogene Kinder in die Kuhställe laufen, wo Menschen sich zusammentun, um einen Dorfladen zu etablieren, wo das Leben nicht im Fernseher stattfindet, da lebt das Dorf ... irgendwo geht immer irgendwas. Aber nicht von selbst. Vielleicht bringen die aktuellen Corona-Flüchtlinge aus Berlin und Hamburg Neues mit, das das Alte wiederbelebt. Da mein Mann und ich WhatsApp ablehnen, unsere Sprechblasen lieber analog erzeugen, sind wir in dem uns prägenden aussterbenden (?) Rhythmus unterwegs, suchen das Abziehbild unserer Kindheit. Nun weiß ich, dass ich mit den vollen Scheunen leben und bestehen muss, dass mein Blick in meiner ersten und zweiten Heimat gleichermaßen über die Stoppelfelder schweift, die Landschaft ein vertrautes Echo erzeugt, aber die wenigen Trecker klingen anders. Die Menschen auch. Das Straßenbild ist leer. Hier wie da.

Das Abziehbild meiner Kindheit und Heimat lässt sich nicht mehr aufkleben. Aber was dann? Wer spricht noch mit wem warum wie lange? Vom Dreschflegel bis zum Selbstfahrer hatte meine Oma das Dorf erlebt, ich von einem gemeinsamen Telefonanschluss für 18 Personen zu 18 Smartphones mit individuellem Hintergrundbild. Was hielt nun das Dorf zusammen?

Dass die Menschen zusammenhielten, blieben, umeinander Bescheid wussten, dass ein bisschen Anarchie normal war. Die Sprache! Das Leben pulsierte, drinnen wie draußen, die Feste ließen es krachen, die Bauern ahnten noch nichts vom Höfesterben, alles war live, die Arbeit, die Musik und die Stille. Von Angesicht zu Angesicht. Nehmt die Dörfer an die Hand! Stellt im Advent wieder eine Kerze ins Fenster, die sagt „Hier ist es warm, komm rein!“, statt den halben Garten mit Neon zu erleuchten, der ein „Schau hin, aber geh weiter“ raunt. Ladet ein! Interessiert euch! Neulich saßen meine Familie und ich in der letzten Gastwirtschaft im Heimatdorf und tranken ein Bier. Zwei ältere Frauen saßen am Tisch und die eine sagte: „Draußen steht ein Auto mit Flensburger Kennzeichen – tja, wer kann das wohl sein .... da kenne ich eigentlich nur Annette.“ „Aber das bin ich doch“, rief ich voller Freude! Die eine war eine Mutter aus der Grundschulzeit meines Bruders und die andere deren Cousine. Wir kannten uns nur vom Hörensagen. Ich bin 1981 weggegangen und war schon mehrfach umgezogen. Sie kannten alle meine Stationen! Meinen Kindern fiel die Kinnlade runter. Der Abend war gerettet.

Wir haben nun – 50 Jahre später – Frühschoppen mit einigen syrischen Ehepaaren geplant, für die wir lange Sprachpaten waren. Mein größter Wunsch nach dieser Coronazeit sind diese Zusammenkünfte.

Ich bin eine Generation älter als unsere geflüchteten Freunde und wir stellen fest: Wir haben dasselbe verlorene Bild von Dorf, Gemeinschaft, Nähe und analogem Leben, vom Gemüsegarten, von der Großfamilie, von unangekündigten Treffen, Akkordeonspiel auf einer Bank zwischen den Häusern, bescheidenem Spielzeug, Lagerfeuer, Tradition und Neuanfängen, von Gegenseitigkeit. Von Sprache! Das Dorfleben mit seiner Gemeinschaft, seinen Neubürgern, seinen Unterschieden – alle sind gleich und alle sind anders.

„Alles wirkliche Leben ist Begegnung.“ (Martin Buber) Das hielt uns einst zusammen und sonst nichts.

Rainer Hofmann (geb. 1959),
aufgewachsen in Hohenlohe (Baden-Württemberg)

Alternativlos

Besinne ich mich heute darauf zurück, was unser Dorf früher zusammenhielt, fällt mir ein Begriff von Angela Merkel ein: Alternativlos.

Das Dorf meiner Kindheit war ein Weiler auf der Hohenloher Ebene, klein und eng. Bauernhöfe links und rechts der Straße, keine Schule, keine Kirche, kein Laden, kein Gasthaus, keine Dorfgemeinschaft. Acht Höfe, 86 Einwohner, mit herrischen, harten Männern, denen der Krieg noch in den Knochen steckte. Mit Frauen, die sich irgendwann, mit Kindern, auf mehr oder weniger gut funktionierenden Höfen wiederfanden. Die versuchten, auszugleichen und zu vermitteln und etwas Menschlichkeit in die Familien zu bringen. Mit Bauern, die eigentlich keine waren, aber – nach dem Krieg – als letzte Überlebende dann doch den Hof nehmen mussten. Der Hof musste weitergehen. Kinderlosen Ehepaaren wurde aus der Verwandtschaft ausgeholfen.

Ich glaube kaum, dass es viele glückliche Ehen im Dorf gab, aber keine ging auseinander. Geschieden wurde nur vom Tod. Generationskonflikte gab es auf jedem Hof. Man schenkte sich nichts. Altenteilerhäuser gab es nicht. Die gemeinsame Küche war Thema und ständiger Konfliktpunkt.

Ein Sohn wurde Bauer, man brauchte jemanden zum Arbeiten. Den Alten war es relativ egal, ob vom Betrieb zwei Familien leben konnten. „Schaffen und Sparen" – das wurde ja von ihnen auch verlangt. Die Versorgung der Alten war eine Selbstverständlichkeit und wurde eingefordert. Sie drohten paradoxerweise sogar damit, sich in der nächsten Stadt eine Wohnung zu nehmen und nicht mehr auf dem Betrieb mitzuarbeiten.

Im Dorf selbst gab es keine Vereine. Eine Feuerwehr und einen Bauernverband hatten wir mit anderen Weilern zusammen. Eine Dorfgemeinschaft außerhalb der Arbeit bestand nicht. Natürlich gab es Familien, die miteinander konnten. Nachbarn wohnten nicht immer nebeneinander.

Auch ein Maibaum wurde erst in den 70er Jahren von unserer Generation wieder aufgestellt. Unsere Väter hatten andere Sorgen. Es gab kaum einen stolzen Bauern oder einen gut funktionierenden Bauernhof. Es gab schlechte Bauern, aber früher hielt man das eine Generation durch. „Bo dem is gor nix los", lachte man mit verstecktem Spott. „A Glumb hat der bonander."

Streit und Neid waren an der Tagesordnung. Im Hohenlohischen wird „geglotzt", wenn man mit jemandem Streit hat. Das heißt, man schaut sich nicht an, wenn man sich trifft. Und das kann eine ganze Generation andauern.

Ich wüsste nicht, dass je eine Familie mal in Urlaub war. Sie hätten ja auch gar nichts mit sich anzufangen gewusst. Gut war, dass man das alles als Kind für völlig normal gehalten hat.

Wir hatten das Glück, dass es zehn gleichaltrige Kinder im Dorf gab. Jeden Abend waren wir auf dem Fußballplatz. Nur durfte man da nicht immer spielen, es war zugleich die Heuwiese unseres Gemeindedieners. Er hielt ein paar Ziegen und Kaninchen. Nicht immer reichten die Kinder für ein Spiel auf zwei Tore, so spielte man halt auf eines. Beim Wählen der Spieler lernte man dann schon die Wirklichkeit des Lebens. Die Guten zuerst, dann verteilte man den Rest auf zwei Mannschaften. Beim Spiel selbst zeigte sich dann schnell die Genetik der einzelnen Familien. Und man kannte sie.

Die einen diskutierten immer ewig rum, die anderen waren schnell beleidigt, andere foulten gerne und wieder andere gingen immer gleich nach Hause, wenn ihnen irgendetwas nicht passte.

Und man lernte auch, dass man sich arrangieren musste, wenn man das Spiel zu Ende bringen wollte. Es gab halt keine anderen.

Und beschwerte man sich zu Hause über solch einen Rowdy, hieß es bloß: „Dr Vater war a scho a ganz Schwieriger."

Natürlich mussten wir zu Hause mithelfen. Aber das war ganz normal, und man war ja auch stolz, wenn man von Jahr zu Jahr mehr konnte. Traktorfahren war eine Messlatte. Auf den Feldwegen fragte niemand nach einem Führerschein.

In der Erntezeit wurde das Fußballspielen für drei Wochen unterbrochen.

Gerne erinnere ich mich an die warmen Sommerabende, wenn die Ernte eingebracht war. Wir saßen auf einer Gartenmauer und bedienten uns am reifer werdenden Obst aus den Gärten.

Ein elementares Lebensmittel für uns Kinder waren nachmittags die „Gsälsabräder“, auf Hochdeutsch „Marmeladenbrote“. Denn von dem, was es damals mittags gab, konnte man als Kind nicht immer viel essen. Dann war man um drei Uhr halt schon wieder hungrig. Dann hieß es: „Geh rein und hol dir ein Gsälsbrot.“ Ein Gsälsbrot war immer erlaubt. Am besten war das von der Nachbarin. Öfters gab es am Küchentisch noch eine Kaba dazu. Manchmal gesellten sich auch die Männer dazu und fragten neugierig, wie es daheim so ginge. Bereitwillig und stolz darauf, auch mal ernst genommen zu werden, erzählten wir dann die ganzen Katastrophen aus der Familie.

Die Männer machten sich auch nicht die Mühe, sich unsere Namen zu merken. „Du g'herst doch's Hofmanns“, das genügte.

Wenn ich heute drüber nachdenke, was unser Dorf früher zusammenhielt, war es die Alternativlosigkeit. Das heißt, es hätte vielleicht schon Möglichkeiten gegeben, aber diese kamen in der Denkweise seiner Bewohner einfach nicht vor.

Alle Höfe hatten einen Nachfolger und die meisten bekamen auch eine Frau. Bauerntöchter gab es viele und Hauswirtschaft war ein Beruf. Eine Frau, die nicht aus der Landwirtschaft kam und zuletzt vielleicht auch noch katholisch war, galt als Risiko. Für viele Altbauern war die Hofübergabe nicht unbedingt ein Grund zur Freude, und sie machten ihren Nachfolgern das Leben nicht einfach. Bauern gingen nicht in Rente. Bauern starben.

Unsere Generation war Mittler zu einer Welt außerhalb. Unbewusst haben wir uns gegen diese Enge aufgelehnt. Gleichzeitig zogen aber auch mit neuen Bewohnern andere Berufe und Ideen ins Dorf ein.

Wenn ich heute unsere „Dorfkinder“ nachwachsen sehe, erfüllt es mich mit Freude und Stolz. Wir haben ihnen vorgelebt, wie man auch in einem kleinen Weiler zusammenleben und arbeiten kann. Trotz vielfältiger Alternativen bleiben sie und halten den Ort zusammen. Ich glaube, sie leben gerne hier.
Bauern gibt es nicht mehr viele, aber es geht weiter.

Anita Böhm-Krutzinna (geb. 1957),
aufgewachsen im Schwalm-Eder-Kreis (Hessen)

Ermfriede

Eigentlich hatten wir uns bereits verabschiedet und ich war schon halbwegs die Treppe hinuntergegangen, als Ermfriede zu mir sagte: „Es ist ja schade, aber ich musste meinem Henrich auf dem Totenbett versprechen, dass ich meinen Garten aufgebe! Er meinte, es würde zu schwer für mich werden."
Sprachlos schaute ich sie an und versuchte mir vorzustellen, was es für sie bedeuten musste. Ermfriedes altmodischer, schöner Garten lag nahe zwischen Nachbarhäusern und Schuppen versteckt: eine geschützte, ruhige Enklave mit warmem Kleinklima. Buchsbaumhecken säumten die Beete, in denen sie Gemüse zog, im Frühjahr breiteten sich Traubenhyazinthen und gelbe Iris aus, im Sommer strahlten Rittersporn und unzählige andere Blumen, im Herbst Astern in Lila und Weiß. Hinter dem Wohnhaus erstreckte sich ein großer Obstgarten, in dem die Pferde des Nachbarn weideten. Die Gärten, das wusste ich, waren Ermfriedes große Freude und Trost, gerade jetzt nach Henrichs Tod.

Sie umfasste den Holm des Geländers, das um den Treppenabsatz führte, und starrte bedrückt über den Hof mit seinen Fachwerkgebäuden auf die kleine Kapelle, die sich schräg gegenüber befand. Von hier aus konnte sie sogar einen Ausschnitt des kleinen Berges sehen, an den sich unser Dörfchen nach Süden hin anschmiegt. Dort auf halber Höhe, am Rande des Ortes, hat man einen wunderbaren Ausblick auf die Dächer des historischen Dorfkerns mit seinen dicht gedrängten, großen Scheunen und Wohnhäusern und die Felder und Wiesen, die sich bis zum nächsten Waldgebiet erstrecken. Geht man um den Sendberg herum, gewinnt man einen guten Eindruck unserer Landschaft mit ihren kleinen bewaldeten Gebirgen und fruchtbaren Ebenen, die so typisch für Nordhessen sind.

Plötzlich hob Ermfriede den Kopf, ein spitzbübisches Lächeln huschte über ihr Gesicht und sie sagte: „Ich mach es aber nicht, ich geb den Garten nicht auf!" Ermfriede lachte auf und fuhr fort: „Das würde mir doch zu langweilig werden!" Ich war überrascht, denn diese Art von Humor hätte ich nicht von ihr erwartet. Sicher, sie lachte gern, das stimmte schon. Mehr als drei Jahrzehnte älter als ich, erinnere ich mich an sie vor allem als erwachsene, ernsthafte Frau von stattlicher Statur.

Ermfriede und Henrich hatten erst in fortgeschrittenem Alter nach dem Tod von Henrichs Mutter geheiratet und waren sich herzlich zugetan. „Mein Henrich hat gesagt, wir machen das so!", hatte sie mehr als einmal mit einem toleranten Zwinkern in den Augen gesagt. Sie bewirtschafteten zusammen den etwas in die Jahre gekommenen Bauernhof, sie machte das Haus sauber und gemütlich, lud die Verwandtschaft ein und kochte wunderbare

Gerichte und backte Kuchen. Nachdem sie in Rente gegangen waren, fand ich die Rädchen unserer kleinen Töchter oft vor ihrem Hauseingang. Beide saßen dann auf dem großen Sofa zwischen „Onkel Henrich“ und „Tante Ermfriede“, Goldfischlis und Plätzchen wurden herumgereicht und im Fernsehen liefen „Pippi Langstrumpf“ oder die „Schatzinsel“.

Manchmal zeigte mir Ermfriede ihre Schätze: das große Fachwerkhaus mit seinen wertvollen Eichenschränken und alten Möbeln, Vertikos gefüllt mit Porzellan, Leinenballen oder die schwarzen Seidenkleider der Dorftracht mit ihrem hübschen Kopfschmuck, den „Spitzbetzeln“. Gelegentlich lieh Ermfriede die Tracht aus für Dorfjubiläen oder Umzüge. In ihren Fotoalben sind davon einige Bilder zu finden. Im Alltagsleben gibt es aber hier keine Frau, die ein solches Gewand anziehen würde.

Ermfriede stammte von einem Bauernhof aus dem oberen Dorf und hatte wohl eine recht glückliche Kindheit verlebt. Leider erzählte sie mir selten Geschichten aus ihrer Jugend.

„Unser Lehrer war sehr streng, aber wir haben viel bei ihm gelernt“, verriet sie mir aber. „Ich musste mich nie mit meinem Wissen verstecken.“ Mir war er bekannt als jener Mann, der meiner Mutter und ihren Schwestern das Leben in den 1930er Jahren schwer gemacht hatte. Wegen einer Lappalie hatte er die Älteste der Schwestern, die damals etwa 13-jährige Erika, zum Nachsitzen „verdonnert“ und bei dieser Gelegenheit versucht, ihr unter den Rock zu fassen. Erika konnte sich entsetzt losreißen und lief tränenüberströmt nach Hause, geradewegs meinem Großvater, ihrem Vater, in die Arme. Er war für seinen Jähzorn bekannt, und als er hörte, was passiert war, holte er die siebenschwänzige

Ochsenpeitsche aus dem Stall und stürmte ins Lehrerhaus. „Das war das erste und letzte Mal, dass du eine von meinen Töchtern oder ein anderes Mädchen angegrabscht hast", schrie er, „sonst passiert dir das hier!" Und damit schlug er mit solcher Wucht auf den Küchentisch, dass Kaffeegeschirr und Tischplatte zu Bruch gingen. Nie wieder fasste der Lehrer die Mädchen unserer Familie unsittlich an, aber er ignorierte und entmutigte sie jahrelang.

Diese Geschichte kannte Ermfriede nicht. Es scheint, als hätten mein Großvater und der Lehrer darüber geschwiegen und Großvaters Drohung etwas genützt.

Ich selbst bin noch von 1962 bis 1966 in dieser neunklassigen Schule unterrichtet worden, allerdings von einem anderen Lehrer. Inzwischen weiß ich, dass es für ihn schwer war, mehr als 40 Kinder – die jüngsten 5, die ältesten 15 Jahre alt – zu bändigen. Bei ihm habe ich viel gelernt. Ich werfe ihm nicht vor, dass er streng war, sondern dass er Exempel an lernschwachen Schülern statuierte und ihnen die Ohren verdrehte. Er examinierte sie unbarmherzig und ermunterte die anderen Schüler, sie auszulachen und sie zu hänseln. Sicher hat sein Verhalten nicht nur bei mir Angst bei Befragungen ausgelöst, sondern auch bei meinen Mitschülern, und ein Klima der Gehässigkeit begünstigt. Manchmal beneide ich meinen Mann, der seine Grundschullehrerin verehrte und erst als älterer Schüler einige schlechte Erfahrungen mit ungerechten Lehrern machte.

In Ermfriedes und Henrichs Hühnerhaus, dessen Grundfläche kaum größer als 25 Quadratmeter war, soll sich die alte, allererste Schule des Dorfes befunden haben. Wir diskutierten öfter darüber, ob das wohl stimmen könnte, und konnten es kaum glauben.

„Da müssen die Kinder ja wie die Hühner auf der Stange gesessen haben", meinte Ermfriede mehr als einmal.

Sie hatte an das kleine Gebäude einen Spindelstrauch mit gelbweißen Blättern gesetzt, der sich prächtig entwickelt hatte und dem verfallenen Ensemble Charme verlieh. Als ich ihr das zum ersten Mal sagte, ging sie sofort entschlossen hin und riss einen dicken Ableger samt Wurzeln aus der Erde und drückte ihn mir in die Hand. Unsere Freundschaft hat sich auch über den Garten entwickelt. Ich durfte nur nicht vergessen, dass ich nichts zu sehr loben durfte, sonst ging ich – beschämt und überreichlich beschenkt – mit einem Arm voller Stauden oder Gemüse aus ihrem Garten. Ratschläge nahm ich aber von ihr gern an.

Auch meine Mutter und meine Tante hatten neben ihrer Arbeit im Haus, Stall und auf dem Feld einen großen Bauerngarten. Für mich war dort aber kein Platz, kamen die beiden sich doch oft selbst ins Gehege. Später merkte ich, dass ich keine talentierte Gemüsegärtnerin war und auch nur wenig Zeit für den Garten hatte, da ich fest eingeplante Mitarbeiterin unseres Biobauernhofes war. Allerdings begeisterte ich mich für Stauden und Sträucher, die es nicht übelnahmen, wenn ich sie in Arbeitsspitzen ihrem Schicksal überließ. Also stehen in meinem Garten Rosen, Frauenmantel und Eselsohr, einige Erdbeeren, viele Kräuter und Salat und Obstbäume.

Als Kind merkte ich sehr schnell, dass Hausfrauen – mochten sie noch so fleißig, sparsam und kenntnisreich sein – nie so angesehen waren wie ihre Männer, die in der Landwirtschaft oder in guten Berufen arbeiteten. Auch aus diesem Grund schloss ich mich meinem Vater an und lernte, wie man Löcher bohrt, Traktor fährt oder eine Sämaschine abdreht. Als Erwachsene fiel mir aber auf, wie viel Wissen nötig ist, um erfolgreich Selbstversorgerin und Hausfrau zu sein. Jeden Fehler dabei muss die Familie buchstäblich auslöffeln, und ich denke an 30 Gläser mit leicht angebranntem Pflaumenmus, die wir in einem Winter meiner Kindheit durchlitten. Für mich ist es leicht, Obst und Gemüse, Sauerkraut und eingekochte Kirschen oder Marmelade im Supermarkt zu kaufen, selbst Bioerzeugnisse. Mir ist aber bewusst, dass diese Fertigprodukte, wenn sie industriell verarbeitet sind, oft nicht so gesund sind wie selbst gezogenes und haltbar gemachtes Obst und Gemüse.

Wie so viele Landfrauen vor ihr – und auch jetzt noch – setzte Ermfriede ihren Stolz daran, möglichst wenig zu kaufen, zumal ihre Rezepte oft besser waren oder ihr besser schmeckten als die Angebote in den Läden. Nach der Schule hatte sie eine hauswirtschaftliche Ausbildung bei einer adligen Familie in einem Nachbarort gemacht, die sich noch Personal leisten konnte. Hier hatte sie die feinere Küche und Lebensart kennengelernt. Später betreute Ermfriede mehrere Jahre lang die Kinder eines Arztes, die sie sehr liebte und die ihr bis zu ihrem Tod zugewandt blieben und sie oft besuchten.

Ermfriede steckte sich dann allerdings mit Tuberkulose an. Sie musste sich sogar an der Lunge operieren lassen und blieb lange im Sanatorium. „Nicht nur die Krankheit an sich war schwer, sondern auch, dass mich Freundinnen und Bekannte behandelt haben, als sei ich aussätzig, selbst als ich wieder völlig gesund war“, gestand mir Ermfriede. Klatsch und langlebige Vorurteile – das erlebte sie hautnah – waren die dunkle Seite des dörflichen Miteinanders. So zog sie sich zurück und führte ihrer Schwester und ihrem Bruder den Haushalt und arbeitete auch in seinem landwirtschaftlichen Betrieb mit.

Ich weiß nicht, ob es mit ihren Erfahrungen zu tun hatte oder ob sie zu den Menschen gehörte, die sich nicht aufdrängen wollen, denn nur, wenn sie etwas Wichtiges mitzuteilen hatte, besuchte sie uns. Gleichzeitig freute sie sich immer, wenn ich bei ihr vorbeischaute.

Immerhin trat sie aber zusammen mit ihrer jüngeren Schwester in den Landfrauenverein ein und nahm, oft mit ihr zusammen, an den überraschend vielfältigen und fortschrittlichen Veranstaltungen über gesunde Ernährung, Ikebana oder Psychologie teil. Mir gefallen Zusammentreffen, in denen Lieblingsbücher vorgestellt werden oder einige Landfrauen neue Rezepte zubereiten und wir Kostproben davon versuchen können. Ansonsten steuern die Frauen – auch der Gymnastikgruppe – Kuchen und Torten für Feste der Feuerwehr, des Schützenvereins oder der Tischtennisspieler bei.

An viele Feste kann ich mich erinnern, die am zweiten Pfingsttag oben auf dem Plateau des Sendbergs stattfinden. Für uns „Alteingesessene", aber auch Leute aus den Nachbarorten ist es ein besonderes Event. Manchmal fiel das Fest ins Wasser, aber bei schönem Wetter ist es herrlich, dort dem Gottesdienst beizuwohnen. Die eher „männerdominierten" Vereine sorgen dafür, dass sich die Besucher auch mit Herzhaftem oder Bier stärken können. Ich erinnere mich, dass früher immer ein Tanzboden aus Holz gezimmert wurde und eine Kapelle zum Tanz aufspielte. Noch heute feiern wir das Pfingstfest und es wird für Livemusik und

Kinderspiele gesorgt. Zwischen „Tanzplatz“ und Dorf pendelt ein Kleinbus der Feuerwehr für diejenigen, die nicht mehr so gut zu Fuß sind oder den steilen Aufstieg nicht schwitzend bewältigen wollen. Hier trafen wir Ermfriede oft im Kreis ihrer Familie.
Schließlich heiratete sie – für uns überraschend, aber schön – unseren zurückhaltenden Nachbarn Henrich. Er war auch Landwirt und hatte Milchkühe im Stall stehen. Nach einigen Jahren hängten sie die Landwirtschaft an den Nagel. Wie erstaunt waren wir, als Ermfriede eines Sonntagmorgens zu uns kam und uns einen Teil ihres Betriebes zur Pacht anbot! Damit hatten wir nicht gerechnet, denn sie hatten noch Verwandtschaft im Dorf und Pachtland war begehrt.
Henrich und Ermfriede machten sich noch einige schöne Jahre. Nach seinem Tod bewirtschaftete sie mit großer Freude weiterhin ihren Garten, verschenkte Gemüse und Obst an ihre Nachbarn und umsorgte ihre Katzen. Ihr zweiter Bruder und ihre Schwester besuchten sie täglich, trotzdem vereinsamte Ermfriede. Noch heute bereue ich, dass ich mich nicht mehr um sie gekümmert habe, aber meine Pflichten als Mutter, Landwirtin und Tochter füllten mich aus, zumal meine Eltern hilfsbedürftig wurden. Mindestens dreimal die Woche traf ich Ermfriede am Bäckerauto, das Station vor unseren Höfen machte, und wir erzählten uns die letzten Neuigkeiten. Ich lud sie ein, mich regelmäßig vormittags zu besuchen. Ermfriede nahm mein Angebot nicht an, obwohl ich während meiner Hausarbeit sicher auch für sie Zeit gehabt und von ihrem Wissen profitiert hätte.
Nach ihrem 80. Geburtstag ließ ihr Kurzzeitgedächtnis sehr nach, und als sie stürzte und sich den Oberschenkelhals brach,

wurde offensichtlich, dass sie nicht mehr allein leben konnte. Im Altersheim des Nachbarortes wurde sie gut versorgt. Nicht mehr fleißig sein zu müssen und keine Pflichten mehr zu haben, machte sie allerdings zunächst sehr nervös.

Gelegentlich besuchte ich sie und brachte ihr eine bunte Mischung meiner Blumen mit und bis ins sehr hohe Alter kannte sie jeden Blumennamen. Sie wurde über 90 Jahre alt. Ihre Beerdigung fand nur auf dem Friedhof statt. Sicher hatte sich Ermfriede das anders vorgestellt, obwohl das Wetter herrlich war. Traditionell wird die eigentliche Trauerfeier - wo es möglich ist - vor dem Wohnhaus der Verstorbenen oder in unserer kleinen Kapelle abgehalten. Dann begleiten alle Trauergäste den Sarg oder die Urne in einem langen Zug zum Friedhof, der wunderschön außerhalb des Dorfes liegt. Nach der Grabrede, einem Gebet und Liedern wird dann der Sarg in das Grab herabgesenkt und die Trauergemeinde zum Kaffeetrinken ins nächste Dorfgasthaus eingeladen. Zu Ermfriedes Beerdigung kamen trotz Corona-Auflagen viele Verwandte, Freunde und Bekannte und auch die inzwischen selbst ergrauten Kinder jenes Arztes, die sie aufgezogen hatte. Die Trauerrede, die unsere Pfarrerin hielt, war freundlich, wurde ihr aber - so meine ich - nicht gerecht, denn sie erwähnte nicht, dass Ermfriede eine jener bescheidenen Frauen war, die es schafften- als Frau, Schwester, Freundin oder Nachbarin –, das Leben ihrer Umgebung lebenswerter, wärmer und glänzender zu machen.

Maria Volkermann (geb. 1951),
aufgewachsen in Faulück (Schleswig-Holstein)

Ein Dorf voller Tanten und Onkel

Das Dorf meiner Kindheit und Jugend heißt Faulück und liegt nahe der Schleistadt Kappeln in Angeln, einer Halbinsel zwischen der Flensburger Förde, der Ostseeküste und dem Ostseefjord Schlei. Die Bewohner sind heimatverbunden, stolz auf ihre Geschichte und können zupacken, ohne viele Worte zu machen. Sind Worte notwendig, dann werden sie mit Bedacht gewählt. Ihre plattdeutsche Sprache findet man in Ursprüngen im Englischen, weil im frühen Mittelalter ein Teil der Angeln nach Britannien auswanderte und ihr Siedlungsgebiet Angeland nannte, später England. Mitte des 19. Jahrhunderts kämpfte der Norden von Schleswig-Holstein um seine Unabhängigkeit von der Dänischen Krone, auch die Faulücker Männer waren daran beteiligt. Und endlich, im Jahre 1864, wurde Schleswig mit Holstein vereint. So viel zur Geschichte, die mir mein Vater schon in früher Kindheit vermittelte.

Die Kindergilde im Gasthaus.

Ich wurde im Sommer 1951 als erstes Kind auf dem Bauernhof meiner Eltern geboren. Weil meine beiden Großmütter schon verstorben waren, holte mein Vater zuerst seine mütterliche Nachbarin Tante Luth ab und danach erst mit dem Einspänner die Hebamme aus Kappeln. Alle Nachbarn wurden mit Onkel und Tante angeredet. Die älteren Frauen und Männer mit dem Nachnamen dazu und die jüngeren mit dem Vornamen. Ich hatte also ganz viele Tanten und Onkel im Dorf und rede sie heute noch so an, wenn ich in der alten Heimat bin. Inzwischen leben aber nicht mehr viele von den alten Nachbarn.

Tante Luth versorgte meine Mutter und mich nach der Entbindung, sie brachte warme Mahlzeiten ins Haus und war eine Woche für die junge Familie da. Dafür wurde sie eine meiner Patentanten.

Zwölf Jahre später, als meine Mutter meinen jüngsten Bruder in der Klinik zur Welt brachte, da sorgte Luths Schwiegertochter

Tante Irmi für uns Kinder. Nachbarliche Treue war ein tief verankertes Gefühl gegenseitiger Hilfe bei Geburt und Krankheit und auch bei Todesfällen. Manche dieser Hilfen wurden in Beliebungen (Zweckgemeinschaften) festgelegt, um einander in schweren Zeiten beizustehen. Als Kind konnte ich miterleben, wie mein Vater zu Hause alles stehen und liegen ließ, um unsere gebrechliche Nachbarin zum Arzt oder in die Klinik zu fahren. Meine Mutter musste dann die Stallarbeit allein verrichten. Nachbarschaftliche Hilfen bei der Ernte und bei schweren Geburten im Stall waren eine Selbstverständlichkeit.
Eine Woche nach einer Geburt kamen die engsten Nachbarinnen ins Geburtshaus (Basselhuus), um das Neugeborene zu bewundern. Sie brachten kleine Geschenke für den Säugling und führten bei Kaffee und Kuchen „Frauengespräche". Dabei erfuhren die jüngeren Frauen, die noch keine Kinder hatten, von den Müttern Aufklärung über die Vorgänge rund um eine Geburt. Männer trauten sich nicht in eine Bassel-Gesellschaft. Mit zwölf Jahren durfte ich meiner Mutter bei diesem besonderen Kaffeeklatsch helfen und meinen kleinen Bruder versorgen, aber von den Frauengesprächen wurde ich ausgeschlossen.
Im Frühjahr 1958 wurde ich in die Dorfschule eingeschult. Das ging ohne große Feierlichkeiten ab.
Zwar bekamen wir eine Schultüte und wurden von den Müttern begleitet, aber nach dem Kennenlernen der Klassenlehrerin und einem Gemeinschaftsfoto in der Schultür gingen unsere Mütter wieder nach Hause. Mein Fußmarsch zur Schule betrug etwa drei Kilometer. Hatte ich das Schulgebäude fast erreicht, dann umströmte mich ein herrlicher Duft von frisch gebackenen

Hefeteilchen, denn der Bäckerladen mit der Backstube lag direkt gegenüber der Schule. Hier war ein Treffpunkt der Dorffrauen, Neuigkeiten wurden ausgetauscht, aber auch Klatsch und Tratsch gepflegt. Jede Klasse durfte einmal die Backstube besuchen und Brötchen backen. Außerdem fuhr der Bäckermeister zweimal in der Woche über Land und versorgte die Haushalte mit frischen Broten, Hefeteilchen und Cremeschnitten.

Das Schulgebäude ähnelte den Bauernhöfen der Region. Es war mit Reet eingedeckt und mit weißer Farbe gestrichen. Außer den zwei Klassenräumen befand sich auch die Wohnung des Schulleiters in dem Gebäude. Dieser hieß Karl-Heinz Souchier und war eine herausragende Persönlichkeit. Nicht nur was seine Körpergröße anging, sondern auch was sein Engagement für die Schüler und die Dorfgemeinschaft betraf. Er sorgte dafür, dass umfangreiche Renovierungsarbeiten in den Klassenräumen durchgeführt wurden, die er teilweise selbst mithilfe der älteren Schüler im Werkunterricht durchführte. Er überzeugte den Faulücker Bürgermeister, für neue Bänke, Bestuhlung und Tafeln zu sorgen. In den Schulräumen fand nachmittags die Mütterberatung statt, außerdem Höhensonnenbehandlungen für die Kleinkinder. Damit wollte man der Rachitis vorbeugen, die damals noch weit verbreitet war. Ich erinnere mich an die Untersuchung vor der Einschulung und an Impfungen in dem Gebäude.

Der Schulleiter forderte die Dorfkinder auf, höflicher zu werden und ein sauberes Hochdeutsch anstatt Platt sprechen. Ein einfaches „Moin“ zur Begrüßung und zu jeder Tageszeit war ihm zu gewöhnlich und wurde zu einem Gruß umgewandelt, der die Tageszeiten ansprach. Lehrer Souchier konnte sich durchsetzen, manchmal sogar mit einer Tracht Prügel bei den besonders frechen Jungen. Diese Erziehungsmethoden lösten Mitgefühl und Entsetzen bei mir aus.

Ich konnte nicht gut Plattdeutsch sprechen, denn meine Eltern haben Hochdeutsch mit uns Kindern geredet. Wir sollten dadurch bessere Bildungschancen haben. Aber die Erwachsenen im Dorf pflegten diese heimatliche Sprache, und ich verstehe sie bis heute. Als absoluter Kontrast zu seinem Deutschunterricht in der Schule stand, dass Herr Souchier eine plattdeutsche Theatergruppe mit Dorfbewohnern gründete. Als Regisseur brachte er die Laienschauspieler dazu, das Beste aus ihren Rollen herauszuholen. Meine Eltern waren von Anfang an dabei und hatten große Freude an ihrem Spiel. Ich hörte oft zu, wenn sie ihre Texte auswendig lernten. Die Proben fanden in der Gaststätte Boddelhoch statt, wo es im Saal noch eine große Bühne gab. Zum Feuerwehrfest fand die Uraufführung des Schwanks statt, und die sorgte immer für große Begeisterung beim Publikum. Mein Vater stellte meistens den schrulligen Alten dar, eine Rolle, die ihm auf den Leib geschneidert war. Da ähnelte er tatsächlich Henry Vahl vom Ohnsorg Theater in Hamburg. Der Erfolg einer Aufführung sprach sich in Angeln herum, und so wurde die Theatertruppe auch zum Spiel in andere Gemeinden eingeladen, was meistens feuchtfröhlich endete. Im Jahr 1967 suchte man eine Schauspielerin für eine hochdeutsche Rolle, die ich übernehmen durfte. Ich spielte eine zickige Städterin mit Vorurteilen zum Dorfleben, die aber später bekehrt wird.

Unser Schulleiter organisierte auch Fahrten zum Landestheater Flensburg, und dahin durften nicht nur Schüler mitfahren und eine

Aufführung erleben, sondern auch Eltern und Geschwisterkinder. Von 1955 bis 1965 war Herr Souchier an der Dorfschule tätig und hinterließ bis heute Erinnerungen an eine große Persönlichkeit. Ihm folgte ein neuer Schulleiter, der auch die Theatergruppe übernahm und die Leitung der neuen Dörfer-Gemeinschaftsschule im Nachbarort mit Blick auf die Schlei. Unsere alte Dorfschule wurde als Wohnhaus an einen Arzt verkauft.

Das Schulfest im Dorf nannte man Kindergilde und gehört zu meinen schönsten Kindheitserinnerungen. Es wurde am Wochenende vor den großen Ferien gefeiert und brachte fast alle Dorfbewohner auf die Beine. Am Vortag vor dem Fest fanden auf dem Schulhof Spiele und Wettkämpfe statt, mit Sackhüpfen, Eierlaufen, Topfschlagen, Dosenwerfen und Pfeilwurf. Die älteren Schüler konnten sich sogar beim Luftgewehrschießen bewähren. Die Sieger jeden Jahrgangs krönte man zu König und Königin und band ihnen eine Schärpe in den Landesfarben Blau-Weiß-Rot um. Ich gehörte nie zu dieser illustren Gesellschaft, was meine Freude an dem Fest aber nicht trübte. Am Sonnabendvormittag trafen wir Kinder in unserem besten Sonntagsstaat an der Schule ein. Dort standen schon fünf Pferdegespanne bereit, die Wagen schön geschmückt, mit Blumen, Girlanden und Grün. Auf die Wagen waren Bänke montiert, auf denen wir Schüler Platz nahmen. Die Majestäten durften vorne beim Kutscher sitzen, stolz in ihre Schärpen gehüllt. Im ersten Wagen nahm der Spielmannszug der Feuerwehr Platz und stimmte die Instrumente. Die Pferde kannten das schon und blieben ruhig, Schleswiger Kaltblüter eben. Dann startete der Umzug durch das ganze Dorf. Mit fröhlicher Marschmusik wurde ein Bauernhof nach dem anderen angesteuert und eine Runde über den Hofplatz gedreht. Dafür hatten die Höfe immer ein Rondell in der Mitte, sodass die Fuhrwerke sie umrunden konnten. Dann blieb die Kolonne stehen und die Bauersleute kamen mit Süßigkeiten für uns Kinder und mit Schnaps für Kutscher und Kapelle heraus. Dann ging es weiter durch das Dorf und zu den etwas abgelegenen Höfen. An den Straßen standen Zuschauer und winkten uns zu, niemand blieb unbeteiligt. Zur Mittagszeit traf der Zug wieder an der Schule ein, und ich vermute heute, dass die Kutscher nicht mehr gerade lenken konnten, aber die Pferde kannten ihren Weg. Ob der Spielmannszug am Ende schräge Töne herausbrachte, das entzieht sich meiner Erinnerung. 1960 gelang es nur noch mit Mühe, die Pferdegespanne zusammenzubekommen. Die Arbeitspferde wurden durch Traktoren ersetzt.

Am Nachmittag trafen wir Schulkinder, gemeinsam mit unseren Müttern und Geschwistern, zum Fest in der Gaststätte Seelust ein, die idyllisch direkt an der Schlei lag. Die Wirtsleute hatten den Saal mit bunten Girlanden und Fähnchen geschmückt. Schulleiter Souchier hielt eine Rede und danach gab es Kaffee und Kuchen, für uns Kinder Kakao und Brause. Die Mütter hatten sich viel zu erzählen und genossen den Nachmittag ohne Arbeit. Der Stalldienst wurde von den Vätern übernommen, die nach getaner Pflicht das Vergnügen in der Festgesellschaft fanden. Am Ende war es eine Feier für die ganze Familie und für die Dorfgemeinschaft, mit Musik und Tanz, Gesang und Unterhaltung und mit der Vorfreude auf die Sommerferien. Mancher Junge versuchte, sich vor dem Tanzvergnügen zu drücken, wurde aber vom Schulleiter am Schleiufer aufgespürt und in den Saal beordert. Bei Einbruch der Dunkelheit stellten wir uns alle in einem Kreis auf und sangen zum Abschied das Lied „Kein schöner Land in dieser Zeit“. „Nun, Brüder, eine gute Nacht, der Herr im hohen Himmel wacht.“ Und mir kamen die Tränen.

Mein Geburtstag fiel immer in die Sommerferien, aber da niemand in den Urlaub fuhr, konnte ich immer mit meinen Freundinnen feiern. Sie brachten mir kleine Geschenke mit, die sie im Dorfladen bei Martin Weichsel kaufen konnten. Oft waren Schneider-Bücher dabei, die wir Mädchen liebten. Der Kolonialwarenhändler hielt auch Sammeltassen, Stofftaschentücher und Poesiealben vorrätig, sodass man nicht in die Stadt fahren musste, wenn man ein Geschenk brauchte. Unsere Mütter versorgten sich mit den Grundnahrungsmitteln, die sie als Bestellung aufgaben, wenn Herr Weichsel am Montagvormittag mit seinem Fahrrad die Runde durchs Dorf machte und in jeder Küche auftauchte. Am Abend wurden die Waren mit einem Auto an die Haushalte ausgeliefert.

Ein Lieferservice, der in Coronazeiten wieder ganz aktuell ist. Der Händler trug keine Neuigkeiten durch das Dorf, er dachte an sein Geschäft und wollte keinen Ärger bekommen. Immer freundlich und diskret.

Das konnte man vom Briefträger nicht sagen. Der wusste immer genau darüber Bescheid, was in welcher Familie passierte, und trug es weiter. Gab es in einer Familie etwas zu feiern, dann nahm der Postbote den angebotenen Schnaps dankend an. An manchen Tagen musste er sein Rad gegen Ende der Tour schieben. In den frühen Jahren der Bundesrepublik zogen noch viele Hausierer, Lumpensammler und Trödler über das Land, außerdem Händler mit Aussteuerware, mit Töpfen und Küchengerät, und einmal in der Woche hielt ein Lieferwagen mit fangfrischen Fischen vor dem Haus. Heringe waren ein günstiges Mittagessen, aber ich mochte den Bratgeruch in der Küche nicht und die Gräten beim Essen schon gar nicht. Weil die meisten Dorfbewohner Vorratshaltung aus eigenem Anbau und mit Hausschlachtung betrieben, war selten eine Einkaufstour in die Stadt nötig. Müll wurde kaum produziert, und die wenigen Abfälle landeten im Schweinetrog, im Küchenherd oder auf dem Misthaufen.

Die Sommerferien schenkten uns große Freiheiten, wenn wir nicht gerade zu Hause helfen mussten.

Die ausgedehnten Buchenwälder waren die Abenteuerspielplätze unserer Kindheit. Dort spielten wir Verstecken, bauten Hütten aus abgebrochenen Ästen oder kletterten auf Bäume. Auch das Beobachten der Tiere des Waldes war spannend. Verabredungen waren nicht nötig, es fand sich immer eine Schar zusammen. An heißen Tagen fuhren wir mit den Rädern an die Schlei zum Baden. In der Nähe der Gaststätte Seelust war unsere Badestelle, mit Liegewiese und kleinem Sandstrand. Ich habe das Schwimmen im Schleiwasser gelernt, angeleitet von den größeren Mädchen, die es schon konnten. Manchmal tuckerte ein Ausflugsschiff vorbei oder eines der wenigen Segelboote, denen wir ausgelassen zuwinkten. Erwachsene waren nie bei unserem Badevergnügen dabei, die älteren Kinder passten auf die jüngeren auf, so waren sie es von zu Hause ja gewohnt. Es ist nie etwas passiert.

Wir Kinder kannten uns in der Natur aus. Jede Getreidesorte war uns geläufig und auch die Nutztierrassen. Noch war das Angler Sattelschwein in den Ställen verbreitet und das rotbraune Angler Rind war die beliebte Milchkuh. Heute sind beide Rassen vom Aussterben bedroht. Eine Autorität im Dorf war der Milchkontrolleur vom Landeskontrollverband. Er besuchte regelmäßig die Milchviehställe der Bauern während der Melkzeit, nahm Milchproben und untersuchte sie auf Fett- und Eiweißgehalt und auf die bakteriologische Beschaffenheit. Waren die Hygienestandards unzureichend, dann gab es Abzüge vom Milchpreis. Ich lauschte einmal, wie mein Vater und der Kontrolleur über Streptokokken sprachen, und dachte, es wäre etwas zum Kochen.

Die wichtigste Institution im Dorf war und ist die 1889 gegründete Freiwillige Feuerwehr Faulück.

Jede Bauernfamilie stellte mindestens einen Feuerwehrmann, manchmal waren sogar Vater und Sohn aktiv dabei. Auch die jungen Männer aus anderen Berufen zog es zur Feuerwehr, ein selbstverständliches Ehrenamt und hochnotwendig. Viele Dächer waren mit Reet eingedeckt und das konnte sich beim kleinsten Funken entzünden. Regelmäßig wurden Übungen durchgeführt und die Geräte gewartet. Weiterbildung wurde großgeschrieben und die Wehrführer nahmen an Schulungen und Seminaren teil. Zu den Aufgaben der Freiwilligen Feuerwehr gehörte nicht nur das Löschen von Bränden, sondern auch die Räumung der Trümmer von der Brandstelle und eine ordentliche Unterbringung der Brandopfer. Die Feuerwehr stellte damals einen eigenen Spielmannszug und trat bei verschiedenen Anlässen auf. Eine gesellschaftliche Verpflichtung war, eine Abordnung zu größeren Familienfeiern zu schicken und eine Rede auf den Jubilar zu halten. Selbstverständlich trugen die Feuerwehrmänner

ihre Vereinskameraden zu Grabe, wie auch meinen Vater, der einige Jahre Wehrführer war. Er wurde in seiner Feuerwehruniform begraben.
Das große Feuerwehrfest wurde mit warmem Essen, Musik und Tanz und einer Theatervorführung gefeiert. Einmal im Jahr wurde eine Feuerwehrversammlung abgehalten. Als ich neun Jahre alt war und ein eigenes Fahrrad besaß, drückte mir mein Vater eine Liste mit Namen in die Hand und den Einladungstext für die Feuerwehrversammlung. Ich fuhr also von Hof zu Hof, von Adresse zu Adresse und sagte meinen Spruch auf. Meistens traf ich nur die Bäuerinnen an oder die Hausfrauen, aber jede hatte ein nettes Wort für mich, einen Keks oder Schokolade. In der Dorfmitte lag die alte Schmiede von Peter Rojem, ein Treffpunkt für die Bauern und Pferdehalter. Auch hier musste ich meine Einladung anbringen, gespannt trat ich ins Innere der Schmiede. Gerade wurde einem Pferd ein Hufeisen angepasst und es stank penetrant nach verschmortem Horn. Ich schaute mir den ganzen Vorgang des Beschlagens an und war fasziniert davon. Danach hatte Onkel Rojem Zeit für mich und führte mich in der ganzen Werkstatt herum, zeigte mir Blasebalg und Schmiedefeuer, aus dem er mit einer langen Zange ein rotglühendes Hufeisen heraushob und auf dem Amboss ablegte. Dann wurde mit einem Hammer draufgeschlagen. Ich hätte mich stundenlang bei dem netten Schmied aufhalten können, aber ich musste noch weiter. Beim Abschied sagte er zu mir: „Mädchen, du brauchst dringend eine Feuerwehruniform." Als ich am Abend alle Einladungen ausgesprochen hatte und zu Hause ankam, da schenkte mir mein Vater fünf Mark aus der Feuerwehrkasse für meine Hilfe.

Vor der Haupterntezeit fand in der Nachbargemeinde Süderbrarup ein traditionelles Fest statt. Am letzten Wochenende im Juli wird dort seit 1593 eine große Kirmes aufgebaut, der Brarup-Markt. Jung und Alt freuten sich auf dieses Ereignis, und man kam aus den entlegensten Dörfern Angelns dorthin. In Schankzelten wurde getanzt, gespeist und gefeiert, man traf befreundete Familien und zahlreiche Bekannte, und für so manches Paar begann auf dem Jahrmarkt eine gemeinsame Zukunft. Am letzten Markttag wurde mit Waren aller Art gehandelt, auch mit Viehzeug und Pferden. Die Bauern der Region brachten manchen Handel unter Dach und Fach, natürlich noch mit Handschlag.
Wir Kinder durften uns in den Karussells vergnügen, die zahlreichen Buden bestaunen und Zuckerwatte schleckern. In der Luft lag der Duft von gebrannten Mandeln, von Bratwürstchen oder von Pferdeäpfeln, je nachdem, wo man sich gerade aufhielt. Ich muss etwa acht Jahre alt gewesen sein, als mein Vater mich zu einer Fahrt mit der Geisterbahn überredete. Das war ein gruseliges Erlebnis für mich, und vor Angst habe ich die Augen fest geschlossen. Mein Vater hat mich ausgelacht. Nie wieder habe ich eine Geisterbahn bestiegen, aber der Brarup-Markt ist immer noch ein großes Volksfest in der Region.
Unser Dorf hatte bis ins Jahr 1972 eine Haltestelle der Schleswiger Kreisbahn, die von Schleswig über Süderbrarup bis nach Kappeln verkehrte. Wir Kinder spielten zwischen den Gleisen, balancierten darauf herum und horchten an den Schienen, ob ein Zug nahte. Wenn er uns passierte, dann winkten wir den Reisenden zu und erahnten in dem Dampf, den die Lok ausstieß, den Duft der weiten Welt. Tatsächlich konnte man von Süderbrarup oder Schleswig

nach Flensburg, Kiel oder Hamburg gelangen. Eine Fahrt mit der Bahn war ein Abenteuer. Einmal fuhr ich mit meinen Eltern per Bahn nach Schleswig. Wir besuchten das Landesmuseum Schloss Gottorf, in dem bis heute Moorleichen ausgestellt sind. Ein grauenhafter Anblick für ein kleines Mädchen.

In den 60er Jahren gelangten immer mehr Familien in den Besitz eines Autos und der Personenverkehr wurde langsam überflüssig. Einige Jahre noch rollte der Güterverkehr zum Kappler Hafen. Heute fährt der Zug in den Sommermonaten als Museumsbahn für die Touristen. Das Bahnhofsgebäude ist erhalten geblieben und zu Wohnzwecken umgebaut worden.

Im Jahr 1962 wechselte ich zur Oberschule nach Kappeln. Der Kreis meiner Freundinnen erweiterte sich, mit dem Rad besuchte ich sie in umliegenden Dörfern. 1966 schloss ich mich der Landjugendgruppe an. Mit unserer Dorfjugend gehörten wir zur Landjugendgruppe Kappeln, die sich regelmäßig traf und tolle Veranstaltungen auf die Beine stellte. Da gab es den Sockenball im Februar, den Tanz in den Mai in einem Zelt mitten im Buchenwald und Theaterfahrten. Ich erinnere mich gut an eine Vorstellung von „My Fair Lady" in Flensburg. Bald übernahm ich die Aufgabe, Artikel über unsere Unternehmungen für die Tageszeitung zu schreiben. Im Sommer 1967 startete unsere Kreislandjugend zu einer 14-tägigen Fahrt nach England und Wales. Meine Eltern erlaubten mir die Teilnahme daran und ein großes Abenteuer mit interessanten Eindrücken begann. Wir waren bei der walisischen Landjugend zu Gast, und ich konnte mein Schulenglisch ausprobieren, besonders in der Gastfamilie, bei der ich übernachtete. Auf dem Programm standen Besichtigungen, ein Fußballderby gegen die Mannschaft aus Wales, ein Ausflug an den Atlantik und Abende der Begegnung. Die Rückreise führte uns mit dem Bus über die Shakespeare-Stadt Stratford-upon-Avon bis nach London. Ein spannender Aufenthalt mit einer ausführlichen Besichtigungstour, die auch durch Soho ging. Nun hatte ich zum ersten Mal den Duft der weiten Welt geschnuppert.

Im Februar 1968 fuhr unsere Landjugend nach Kappeln ins Kino. Es wurde der Film „Doktor Schiwago" gezeigt, von da an mein Lieblingsfilm. Die Gruppe hatte ein neues Mitglied mitgebracht, einen jungen Bauernsohn aus Westfalen, der für ein Ausbildungsjahr auf einem Hof in Faulück gelandet war. Willi fühlte sich in der ihm unbekannten ländlichen Gegend anfangs unwohl. Er war die Nähe zur Stadt gewohnt und vermisste seine Freunde, aber die Dorfjugend nahm ihn schnell unter ihre Fittiche und zeigte ihm, wie schön das Landleben in Faulück war. Auf seinem Lehrbetrieb war er familiär und freundlich aufgenommen worden und die Ausbildung war zielführend. Willi und ich mochten uns auf Anhieb und waren bald unzertrennlich. So wurde ich später Bäuerin auf seinem Hof in Kamen.

Unsere Kirche steht an der Grenze zu unserer Nachbargemeinde Rabenkirchen und ist das Gotteshaus für mehrere kleine Gemeinden. Die evangelische Marienkirche ist ein romanischer Feldsteinbau und steht auf einer Anhöhe, weithin sichtbar. Angeblich wurde sie auf einem germanischen Thingplatz erbaut, einem Platz, den zwei Raben ausgesucht haben sollen. Den Weg zum Portal säumen die Familiengruften der Dorfbevölkerung, ein schöner Friedhof mit altem Baumbestand. Mit dieser Kirche verbindet mich viel. Hier wurde ich getauft, konfirmiert und mit meinem Willi getraut. Hier feierten meine Eltern einen Gottesdienst zur goldenen Hochzeit, und – Jahre später – fanden ihre Trauergottesdienste an diesem Ort statt. Es ist üblich, dass die Dorfbevölkerung an frohen und traurigen Ereignissen Anteil nimmt und entsprechend dem Anlass die Kirche schmückt.

Unser Pastor hieß Johannes Müller, er war von 1953 bis 1974 Seelsorger in der Gemeinde. Wir Konfirmanden mochten ihn sehr, denn er war warmherzig und verständnisvoll und konnte mit pubertierenden Jugendlichen wunderbar umgehen. Im Unterricht beschränkte er sich nicht nur auf das Pauken von Psalmen, Gebeten und Kirchenliedern, wir diskutierten mit ihm auch über Gott und die Welt. Der Seelsorger gründete eine Jugendgruppe, die sich zu Spieleabenden traf und regen Zulauf fand. Alle Treffen fanden im alten, mit Reet gedeckten Pastorats-Gebäude statt, in dem Pastor Müller mit seiner Familie wohnte.

In der Nähe von Kirche und Friedhof stand die Gaststätte „Boddelhoch". So gab es nur kurze Wege zu den anschließenden Festlichkeiten oder dem Kaffeetrinken nach einer Beisetzung. Der alte Dorfkrug, in dem auch unsere Weihnachtsfeiern mit Krippenspiel stattfanden, ist heute leider geschlossen.

Wenn ich zu einem Aufenthalt in meine Heimat Angeln fahre, dann führt mich der erste Weg auf den Friedhof zum Grab meiner Eltern. Ich gehe an Grabsteinen vorbei, auf denen Namen stehen, die mir vertraut sind. Es sind viele Tanten und Onkel darunter. Meine Kindheit und Jugend in der Dorfgemeinschaft waren prägend, die Nachbarschaftshilfe und das Vorbild im Elternhaus haben mein soziales Verhalten beeinflusst. Ich denke mit Dankbarkeit zurück.

Magdalene Kermelk-Ziegler (geb. 1953), aufgewachsen in Derscheid im Bergischen Land (Nordrhein-Westfalen)

Alwiss kommt!

Jeden Samstag lag ein kleiner Zettel im mittleren Fach des Küchenbuffets. Darauf stand in Mamas krakeliger Handschrift, die ich kaum lesen konnte, z.B. Ofenschmirgel oder Backpulver oder Suppennudeln. Manchmal schrieb Oma in makelloser deutscher Schrift dazu: ½ Pfund Bohnenkaffee, die Buchstaben mit schönen Ober- und Unterschleifen. Papa schrieb im Vorbeigehen noch Streichhölzer auf, er machte morgens immer das Herdfeuer an. Ich schrieb dazu: Lakritzschnecken oder Gummibärchen oder Rahmkamellen oder alles zusammen!

Dieser Einkaufszettel war für Alwiss bestimmt, der jeden Samstag am Spätnachmittag durch Derscheid fuhr und vor ganz bestimmten Häusern anhielt. „Tüüt, tüüüt ...“, die Hupe seines alten blauen VW-Busses schien die Töne mit letzter Kraft hervorzupressen.

„Mama, komm schnell, dann sind wir vielleicht die Ersten“, ich trat von einem Fuß auf den anderen. Aber sie musste noch ihre

Straßenschuhe und eine Jacke anziehen. „Nimm schon mal das Portemonnaie und das Einkaufsnetz", sagte sie. Der Geldbeutel war schwer von den vielen eingenommenen Milchgeldmünzen, lauter Groschen und 50-Pfennig-Stücke. Bis wir endlich am Auto ankamen, standen schon einige Nachbarinnen da. Alwiss hatte sich inzwischen mühsam vom Fahrersitz nach hinten auf seinen Verkaufsplatz gezwängt. Er war so dick, ich fürchtete, der kleine Hocker könnte unter ihm zusammenbrechen und die Knöpfe an seinem grauen Kittel bei der kleinsten Bewegung abspringen. Ziska war immer als Erste an der Reihe, sie hatte ja auch nur zehn Schritte von ihrer Haustür bis zum Auto. Jede Woche kaufte sie drei Päckchen Butter. Wir kauften nie Butter, die bekamen wir von der Molkerei, an die wir die Milch lieferten. Ziska kaufte auch immer was Süßes, Butterkekse oder Novesia-Goldnussschokolade. Dabei blinzelte sie zu mir herüber und ich wusste, dass ich auch etwas davon abbekommen würde. Meistens kam Ziskas Mann Josef um die Ecke, stellte sich hinter die Frauen und rief: „Alwiss, zwei, wie immer!" Dabei hielt er seine Hand mit gespreiztem Daumen und Zeigefinger hoch. „Die Frau bezahlt!" Alwiss streckte sich dann mühsam in die hinterste Ecke, zog zwei Bierflaschen aus einem Kasten und reichte sie Josef über uns Frauen hinweg. „Lass dir's schmecken. Brauchst du noch Zigaretten?" „Nee, heute nicht, hab noch."

Endlich war Ziska fertig und packte ihre Sachen in den Einkaufskorb.

„Jetzt sind wir dran", ich hüpfte aufgeregt, während Mama ihre Wünsche für heute vom Zettel ablas. Alwiss stellte alles auf dem Brett ab, das er vor der geöffneten Seitentür als Verkaufstresen runter- und später wieder raufklappen konnte. „Noch zwei Päckchen Graupen, mittlere", sagte Mama und ich rief: „Keine Graupen, bitte, nimm doch Haferflocken!" Ich hasste die Milchsuppe mit Graupen drin, die es mindestens zweimal in der Woche abends zu essen gab. Mama guckte sich unterdessen im Bus um. „Oh, du hast heute Zitronen, dann nehme ich eine. Hast du auch Perlonstrümpfe dabei? Meine haben schon wieder eine Laufmasche." Alwiss stand auf und kramte umständlich im obersten Fach des vollgepackten Regals. „Ja, hab ich, welche Größe?" „Vierundvierzig", sagte Mama. Er zog zwei Paar cellophanverpackte Strümpfe heraus und legte sie vor uns auf das Brett. „Die hellen nehme ich", Mama tippte auf die linke Packung. „Das wäre dann alles für heute". Sie packte ihre Sachen schon mal ins Netz, während Alwiss mit seinen dicken Fingern erstaunlich schnell die Preise untereinander auf ein Blöckchen schrieb und zusammenzählte.

„Krieg ich noch was Süßes? Bitte, Mama! Am liebsten Lakritz … oder Rahmkamellen, die mit Nussgeschmack, bitte!" „Also, dann noch fünf Lakritzschnecken dazu." Alwiss schrieb die fünfundzwanzig Pfennig noch auf die Rechnung, dann nahm er den Deckel vom großen Bonbonglas, klaubte fünf schwarze Schnecken heraus und steckte sie in eine kleine Spitztüte, die er mir herüberreichte. „Nicht alle auf einmal essen", ermahnte er mich augenzwinkernd und steckte den Bleistift wieder hinter sein rechtes Ohr. Während die nächste Frau einkaufte und die anderen noch plauderten, schlenderte Papa vom Kuhstall herüber und wartete, bis er drankam. „Tach Alwiss, zweimal Ernte 23 und Streichhölzer dazu." Er legte die zwei Mark und 5 Pfennig abgezählt hin. „Ich hab nur noch einmal Ernte, willst du ausnahmsweise HB oder

Stuyvesant?" „Nein, lass mal, eine reicht bis nächste Woche." Papa nahm eine Mark wieder an sich und steckte Zigaretten und Streichhölzer in seine Jackentasche.

Einmal kam Alwiss früher als sonst. Ich spielte mit Lilli, Hänschen und Büb Verstecken zwischen Stall und Scheune, wir rannten zu seinem Auto und warteten, dass die Tür aufging. Jeder von uns hatte mindestens einen Groschen in der Hosentasche, und der wollte jetzt in Süßigkeiten umgetauscht werden. „Tach Alwiss", rief Büb und wir anderen drängelten uns hinter ihm. Da lief Alwiss' Gesicht im Nu puterrot an, seine Augen funkelten böse und er blaffte: „Für euch bin ich immer noch der Herr Bechmann, merkt euch das gefälligst!" Betreten standen wir da und ließen die Köpfe hängen. Gleich würde Mama kommen und alles erfahren. Also versuchte ich zu retten, was zu retten war. „Tschuldigung, das haben wir grade vergessen", murmelte ich kleinlaut, „wir möchten gerne Gummibärchen." Ich legte meine zehn Pfennig hin und die anderen auch. Alwiss zählte mürrisch die vier mal zehn Bärchen aus seinem Glas und sagte: „Tüte gibt's nicht, die esst ihr ja doch gleich auf." „Danke", sagten wir und jeder nahm seinen Anteil. Damit verdrückten wir uns schnell hinter den Hühnerstall und lutschten gleich mal die Hälfte der Leckerei, den Rest schoben wir in unsere Hosentaschen.

Wenn Alwiss alle Kundinnen versorgt hatte, ließ er die Seitenschiebtür mit lautem Knall zufallen und kletterte mühsam wieder nach vorne. Den VW-Bus konnte er hier auf der abschüssigen Straße anlaufen lassen. Nach ein paar Metern sprang der Motor stotternd an und das Auto entfernte sich knatternd und mit viel Auspuffqualm.

Dass Alwiss eigentlich „Alois" hieß, erfuhr ich erst, als er Anfang der 1960er Jahre seinen kleinen Kramladen in Bröleck umbaute und vergrößerte. Seine Frau Lilo wollte jetzt nicht mehr nur noch Lebensmittel und Schreibwaren verkaufen, sondern auch Röcke und Blusen für die Frauen, Latzhosen und Arbeitshemden für die Männer.

Es gab nun ein großes Schaufenster neben einer Eingangstür mit silbrig glänzendem Rahmen.

„Alois und Lieselotte Bechmann, Gemischtwaren" stand auf einem Schild am unteren Rand der Tür und die Öffnungszeiten: Montag – Freitag 8–18 Uhr, Samstag 8–14 Uhr. Dass er am Sonntag nach der Kirche auch noch seine Tür für dringende Einkäufe aufschloss, stand da nicht. Aber wir wussten es ja!

Unsere alten Nachbarinnen waren in Sorge, dass Alwiss seine Verkaufstour jetzt womöglich nicht mehr fahren würde. Aber er ließ sie und uns nicht im Stich. Pünktlich am Samstag gegen 17 Uhr schnaufte der alte Bus weiterhin den Weg herauf und ließ sein heiseres „Tüt, Tüüt" hören.

Sabine Scheffer (geb. 1965),
aufgewachsen im Schwalm-Eder-Kreis (Hessen)

Kinderwürstchen

Eisblumen am Fenster, morgens, wenn Kinder sich noch mal in dicke Federbetten einkuschelten, um nicht gleich in der Kälte früh aus dem Bett aufstehen zu müssen. Eisblumen am Fenster, das bedeutete, es war endlich kalt genug draußen auf dem Hof, um das erste Mal in diesem Winter ein Schlachtefest feiern zu können. Schlachtefest bedeutete Vorfreude auf Kinderwürstchen und andere Köstlichkeiten, auf ein eigenes kleines, rundes, oben zusammengebundenes Bratwürstchen für jedes Kind und ein zweites und drittes als Geschenk für die Kinder im Dorf.

Vater und der Metzger, der oben an der Dorfstraße wohnte und jeden Winter auf die Bauernhöfe kam, um Schweine und Kühe zu schlachten, Vater und der Metzger, beide mit groben Schürzen bekleidet, standen also Stunden an der Wurstmaschine, drehten an der Kurbel, stopften gehacktes und gewürztes Fleisch in den klobigen Zylinder und spannten unten gewaschene Schweinedärme auf eine Tülle, in die die Wurstmasse gepresst wurde.

Großvater saß daneben auf einem Stuhl und band mit Wursteseilen die Würste zu. Großvater Justus, dessen Vorname „der Gerechte" bedeutet, fand für jede Wurst die richtige Größe und Länge, band jede Wurstsorte perfekt an der passenden Stelle ab:

Die großen „stracken" Würste, also die dicken, langen und geraden, die später Monate auf dem Dachboden getrocknet wurden, bis die „ahle Worscht" gereift und getrocknet war wie gute Salami. Diese Würste waren für Feiertage, für Familienfeste und Geburtstage, für Weihnachten, Ostern und die Taufe. Dann die Runden, die „ahle Worscht" für den Alltag, wovon Familien auf nordhessischen Bauernhöfen sehr viele brauchten.

Auch die runde Wurst haben Oma Irma und Großtante Erna später auf den Dachboden gebracht, in die „Worschtekammer", einen Raum warm und trocken direkt neben der Räucherkammer. Vater Fritz musste dann auf die Leiter klettern und die runde und stracke Worscht auf Stangen auffädeln, in gleichmäßigen Abständen, damit die Würste trockneten und reiften. Manchmal half ihm der Nachbar. Der Nachbar stammte aus Rumänien und hieß ebenfalls Fritz. Fritz reichte also Fritz die Würste an, und Fritz oben auf der Leiter fädelte diese auf die Trockenstangen, gehängt an die Worschteseile. Es werden am Abend mindestens 50 Würste sein, die die beiden Fritze auf Stangen gehängt haben. Die hölzernen Stangen hingen an einer Art Gestell an der Decke, mit Eisenhaken und Eisenstäben befestigt, und mussten das Gewicht der vielen Würste halten können.

Die „ahle Worscht" lag jeden Abend auf den Abendbrottisch. Oben, im ersten Stockwerk für Oma und Opa und die unverheiratete Schwester von Großvater. Unten, im selben großen

Cousins und Cousinen 1976.

Fachwerkhaus für Mama, Papa und vier Kinder. Und der Hund? Der Hund durfte eigentlich nicht in die Küche, aber er war da, beim Abendessen unter der Küchenbank versteckt und bekam seine Wurst, nur ein kleines Stück jeden Abend und das heimlich und der Vater durfte es nicht sehen.

Auch Kinderwürstchen kamen aus der Wurstmaschine. Großvater schaffte es kaum schnell genug, die kleinen Bratwürste mit seinen kleinen Bändern, kleinen Seilen, abzubinden, weil wir Kinder um ihn herumstanden. Uns dauerte es viel zu lange, bis endlich die ersten Kinderwürstchen fertig waren. Unsere Würstchen! Jedes Kind erhielt am Abend seine eigene frische, oben zusammengebundene Bratwurst und durfte entscheiden, wann die auf den Tisch kam.

Eine Kleinigkeit störte mich. Ich war das älteste Kind und ein Mädchen. Meine Schwester Ingrid war auch ein Mädchen und das vierte Kind Simone, meine Cousine, die bei uns lebte, war ebenfalls ein Mädchen. Mein Bruder Wilhelm war kein Mädchen. Wilhelm hieß Wilhelm, weil fast jeder Mann in unserer Familie Wilhelm hieß. Der Name klang altmodisch in meiner Generation. Gleichaltrige Jungen wurden Jörg, Jens, Klaus und Michael getauft. Der Vorname der meisten männlichen Familienmitglieder meiner bäuerlichen Großfamilie mit umfangreicher Verwandtschaft im Dorf war aber Wilhelm! Die Onkel hießen entweder nur Wilhelm, so wie mein Bruder und der Bruder meines Vaters, oder sie hießen Friedrich-Wilhelm wie mein Vater, Justus-Wilhelm wie mein Opa oder David-Wilhelm wie der Vater meiner Mutter oder eben Wilhelm wie diverse Cousins meines Vaters. Wenn sie nicht Wilhelm hießen, war der Name oft Karl. Und all diese Wilhelms bekamen traditionell ein Kinderwürstchen für Jungen, während alle Mädchen, egal in welcher Generation, egal in welchem Jahr oder Jahrzehnt sie Kind waren oder sind, lediglich ein Kinderwürstchen für Mädchen als Geschenk überreicht bekamen.

Die Kinderwürstchen für die vielen Wilhelms, Bernhards, Konrads, Heinriche, Friedriche und Karls waren traditionell ein kleines Stück größer und dicker als die Würstchen für die Elisabeths, Marias, Emmas, Ursulas, Ernas, die Angelas, Sabinen, Simonen, Christinen und Ingrids. Das störte mich. Es störte mich so sehr, dass ich rebellierte. Allein zu rebellieren und schlicht ein Kinderwürstchen für Jungen von meinem Großvater zu verlangen, erwies sich jedoch als sinnlos. Sein Gerechtigkeitssinn ließ

eine Veränderung der Größe der traditionellen Kinderwürste nicht zu. Ich brauchte also Unterstützung.
Oma Irma und Großtante Erna, die seit ihrer gemeinsamen Grundschulzeit in einer Dorfschule, in der alle Kinder in einem Raum unterrichtet wurden, befreundet waren, boten keine Hilfe. Sie waren gleich alt, im selben Jahr, im Herbst im Oktober, am gleichen Tag, im selben Dorf geboren und verbrachten schlussendlich ihr ganzes Leben miteinander. Zwei Freundinnen, die alles was sie taten, gemeinsam machten wie Zwillinge, die eine hellblond, die andere kohleschwarz. Die beiden waren bei meiner Forderung nach einem größeren Würstchen keine Hilfe, schließlich mussten sie ihre komplette Kindheit ebenfalls mit Kinderwürstchen für Mädchen auskommen. Warum eine Tradition ändern, die sich in ihren Augen bewährt hatte? Schließlich war es schon immer so gewesen.
Ich bin das älteste Kind, mein Bruder ein Jahr jünger und ein Stück kleiner, und entsprechend meiner Körpergröße verlangte ich das passende Kinderwürstchen. Ich verlangte also eine Wurst für Jungen, und Großvater, Großmutter und Großtante lehnten die Veränderung der Tradition ab. Vater Fritz und Metzger Baumann missbilligten diese Veränderung des Bewährten ebenfalls und taten so, als müsse man zuerst an der Wurstmaschine etwas umbauen, um die Größe der Würstchen ändern zu können. Das war glatt gelogen, aber sie wollten nicht mit mir diskutieren, verbieten wollten sie mir auch nichts und retteten sich deshalb in eine Ausrede.
Diese Ausrede erzürnte mein Mutter Ursula, die bärenstark, wie es ihr Name bedeutet, einforderte, keinen Blödsinn über die Wurstmaschinen zu erzählen, nur weil der alte Metzger zu glau-

ben schien, Mädchen und Frauen seien nicht intelligent genug zu bemerken, dass gelogen wurde. Mutter und Kind entdeckten also das männliche Jägerlatein sofort. Anhand der offensichtlich unterschiedlichen Größe von Würstchen für Jungen oder Mädchen, alle aus derselben Maschine, belegten Mama und ich: Es lag nicht an der Maschine!

Mutter war jetzt ärgerlich, Vater säuerlich, der Metzger beleidigt, Großvater aufgebracht, Großmutter gereizt, Großtante nervös und die Kinder weinerlich. Nun waren aber Bratwürste für Jungen tatsächlich offensichtlich ein wenig dicker als die für Mädchen.

Mutter, gekleidet in einen scheußlich bunten, mit großen Blumen blau, grün, orange, braun bedruckten Küchenkittel, und Kind, bekleidet mit einer Kinderschürze in Blau mit Blumenborte in Grün, positionierten sich nah des Wurstapparates zwecks Erkundung, warum es dicke und dünne Würste gab, obwohl sie durch ein und dieselbe Tülle gepresst wurden. Wir fanden heraus: Sollte das kleine Bratwürstchen etwas dicker werden, kurbelte der Metzger langsam an der Maschine und füllt den Schweinedarm langsam, sehr langsam und ganz gemächlich. Sollte die Wurst schlanker werden, kurbelte er schnell. Eilig, flott befüllte er die Wurstpelle und das Ergebnis war ein Würstchen für Mädchen. Ärgerlich!

„Töchter müssen nicht so viel essen wie Söhne“, sagte man im Dorf. Die dünne Bratwurst war also für Mädchen. Ich war zu jung, um zu wissen, was das Wort Tradition bedeutete, und dass Knaben traditionell dicke Würste verspeisten und Mädchen dünne, das leuchtete mir nicht ein. Schließlich war ich das größere Kind und musste folglich mehr essen, mein Bruder war klein. Die Wurstgröße war also mit nichts zu begründen, fand ich, besonders deshalb, weil die Tradition offenbar entstanden war aus einem Fehler einiger Generationen von Metzgermeistern bei der Wurstherstellung: Die Dicke von Bratwürsten hing vom Metzger ab und nicht von Traditionen.

Um es kurz zu machen: Ich erhielt mein gewünschtes, dickes Würstchen, und zwar als erstes Mädchen in der Familie, seit drei Generationen, unabhängig von allen Gewohnheiten und dörflichen Traditionen.

Mutter hatte geklagt, wie alle Mütter im Dorf, als die Gemeindegefrieranlage im Gemeinschaftshaus kaputt gegangen war. Der Bürgermeister wollte keine neue Gefrieranlage kaufen, obwohl jede Familie dort in großen grauen Schränken, die den Keller des Gemeinschaftshauses einnahmen, ein Gefrierfach gemietet hatte. In diesen Fächern froren die Familien nach dem Schlachtefest das frische Fleisch ein. Als ich noch sehr klein war, erzählte mir Mutter, im Gefrierfach, in unserem Gefrierfach ganz oben im Schrank der Gemeindeanlage, da läge Speiseeis und wir wollten das für das Sonntagsessen abholen. Speiseeis war eine Sensation damals, weil niemand die Möglichkeit hatte, welches zu Hause einzufrieren. Die Leute besaßen noch keine Gefriertruhen. Für mich war Speiseeis eine Weltsensation. Das beste Essen auf der Welt, da war ich mir sicher. Ich verlangte also von Mutter, sie solle mich sofort hochheben, damit ich das Speiseeis sehen konnte. Mutter hob mich hoch. Die Schränke waren hoch und groß und meine Mutter eher klein. Ich zappelte auf ihrem Arm und wir schwankten ein wenig vor der geöffneten Tür des Faches. Ich wollte mich festhalten und griff mit beiden Händen in das geöffnete Gefrierfach. Meine Hände froren sofort fest.

Der Mann, der den Motor für die Gefrieranlage wartete, meinte es im Sommer immer besonders gut mit den Leuten und stellte die Maschine so ein, dass die Schränke extrem kalt wurden und die Klappen der Fächer grundsätzlich einfroren. Hatten die Hausfrauen ihre Türe endlich vom Eise befreit und geöffnet, wozu meist der Wärter der Gefrieranlage zu Hilfe gerufen werden musste, wurde es im Gefrierkeller sofort bitterkalt. Auch diesen Sommer war die Gefrieranlage auf Nordpolkälte eingestellt und, wie gesagt, meine Hände froren sofort im Eisfach fest. Mutter musste mich befreien und ich weinte auf dem Heimweg, weil von beiden Händen ein bisschen Haut im Gefrierfach festgefroren war und meine Hände bluteten. Danach mochte ich die Gefrieranlage der Gemeinde nicht mehr und war froh, als die irgendwann defekt war und verschrottet werden musste.

Vater besuchte damals deshalb seinen Cousin, zusammen mit anderen Männern unseres Dorfes. Der Cousin hatte nämlich in der Stadt eine Gefriertruhe gekauft, groß genug für die eigene Familie und klein genug, um sie in den Keller zu stellen. Väter und Onkel begutachteten also die neue Gefriertruhe. Ließen sich das vorführen, klappten den Deckel auf und untersuchten das tiefgefrorene Fleisch und beschlossen, dass eine Gefriertruhe etwas Gutes sei. Beinahe jeder Ehemann kaufte seiner Hausfrau in diesem Jahr eine Gefriertruhe.

Unsere Kinderwürstchen brachte also Mutter am Abend des Schlachtefestes in der geräumigen Gefriertruhe unter, für morgen oder nächste Woche.

Wir bekamen zuerst Kinderwürstchen ausgehändigt für Cousinen und Cousins, für Kinder in der Nachbarschaft, unsere Freunde und, ganz wichtig, für die armen Kinder des Dorfes. Kinder, die Hosen trugen mit Löchern an den Knien, die Hosenbeine zu kurz, und die deshalb als Erste ein frisches Bratwürstchen brauchten. Für Großvater war das bei jedem Schlachten auf unserem Hof so wichtig, dass er uns noch am selben Abend losschickte, den armen Kindern, vier in unserem Dorf, ihre Würstchen zu bringen. Diese Kinder hatten kein Weihnachtsfest, kein Ostern, keinen Geburtstag mit allen Verwandten, sie hatten nur einen sehr, sehr dünnen Vater, der jeden Tag auf dem Hof saß und Bier trank und eine sehr, sehr dicke Mutter, die jeden Tag auf dem Hof saß und Zigaretten rauchte. Alle vier Kinder gingen deshalb nachmittags nach der Schule arbeiten, mähten bei Nachbarn Rasen, trugen Zeitungen aus und fegten beim Bauern, dem das Haus gehörte, den Hof.

Alle Bauernfamilien brachten Kinderwürstchen für diese vier Kinder, wenn geschlachtet wurde. Jeden Winter wurde auf den Bauernhöfen zweimal geschlachtet, einmal, wenn es zum ersten Mal im November kalt wurde, und ein zweites Mal, bevor es Ostern wieder warm wurde. Wenn im Sommer niemand mehr Kinderwürstchen brachte, dann gingen die armen Kinder Höfe fegen.

Am Dorfplatz wohnte die Besenliesel und meine Cousine sagte, die Besenliesel sei eine Hexe. Die Besenliesel war so alt, dass sie kaum noch laufen konnte, und sie saß vor ihrem Haus und band Reisigbesen. An den Wänden ihres Häuschens vor der Tür, zum Dorfplatz hin, lehnten große Gebinde mit Reisig. Lange Ruten, dünn und noch biegsam, frisch geschnitten irgendwo am Wegrand. Die Zweige mussten trocknen. Ein biegsamer Besen kehrt nicht. Die Ruten dörrten den Sommer über in der Sonne. Wenn die Reiser vollkommen ausgetrocknet waren, wurden sie in die richtige Länge geschnitten oder gebrochen, alle mussten gleich lang werden. Mit Hanfseil und Draht band die Besenfrau Äste an einen stabilen Besenstiel, so lange und so viele, bis das Ergebnis tatsächlich aussah wie der Besen einer Hexe. Diese Kehrbesen brauchte aber im Dorf so gut wie niemand mehr. In der Stadt wurden Kehrer aus Plastik verkauft. Die waren größer als die Holzbesen der Besenmacherin. Mit den Holzbesen wurde Laub und Stroh vom Hof gefegt, das aber ging mit Plastikbesen aus der Stadt viel besser.

Mein Großvater fegte täglich den Hof und jeden Samstag die Straße und vergaß nie, zwischen den Pflastersteinen die Fugen zu reinigen. Fugen fegen musste man nur, wenn der Bauer nicht mochte, dass in den Ritzen Unkraut wuchs, und man deshalb den Hof irgendwann mit der Sense mähen musste. Mein Großvater fegte die Fugen. Und das konnte der Reisigbesen besser. Die Reiser kratzten Unkraut aus den Furchen, wenn man es richtig anstellte, weil die Äste so hart und sperrig waren, dass das gut funktionierte. Mein Großvater brauchte die Besen der Besenliesel also noch. Es waren die alten Männer und alten Frauen, die mit den weißen Haaren, die mit Reisigbesen noch Unkraut aus den Fugen kratzten. Die jungen Leute machten das nicht mehr und kehrten schlampig mit Stadtbesen, weil das schneller ging.

Wenn die vier Söhne armer Eltern nun zum Kehren auf den Hof oder zum Mähen kamen, dann gaben ihnen der Bauer oder die Bäuerin ein paar Mark und einen Stadtbesen. Diese Kinder ließ man Stroh fegen. Wenn sie mähen sollten, den Vorgarten der kleinen Arbeiterhäuschen, in denen VW-Arbeiter wohnten, oder die Wiese hinter dem Obstgarten des Bauern, wo die Blumen blühten, dann gab man ihnen keine Sense, sondern einen Rasenmäher. Die Sense dengelte mein Großvater, und der stämmige Schuster aus dem Nachbarhaus half ihm. Sie hämmerten die Schneide, bis die dünn und scharf war, und vor jedem Mähen rieben sie ihre Sensen mit dem Schleifstein ab. Dann standen die alten Männer unter den Obstbäumen auf den Obstwiesen und in den Hühnergärten oder bei den Enten und Gänsen und schwangen ihre Sensen durch die Luft. Das Gras und das Kraut, das sie abmähten, wurden entweder zu Heu getrocknet oder von den Frauen sofort eingesammelt und an Hasen und Kaninchen verfüttert. Die Hasen waren immer hungrig und frisch gemähtes Gras war ein Leckerbissen.

Während die Männer standen und dengelten und schwatzten und sich unterhielten, bis am Abend die Glocken läuteten und die Frauen nach ihnen riefen, weil das Abendessen auf dem Tisch stand, gruben, hackten, pflanzten und ernteten die Frauen im Hausgarten und die Kinder spielten, tobten, balgten sich.

Kinder mussten auf Bauernhöfen alle möglichen Arbeiten übernehmen, für die sie groß und stark genug waren, und eigentlich brauchten die meisten Familien keine Hilfe von vier armen Kindern, deren Eltern vor dem Haus saßen, jeden Tag nur da saßen und Zigaretten rauchten, bis es abends dunkel wurde. Die vier Söhne trugen also morgens Zeitungen aus, noch in der Dunkelheit, bevor die Leute im Dorf aufstanden, zusätzlich das Gemeindeblättchen und die Kirchenzeitung. Geld besaßen sie trotzdem nie genug. Die Bauern schenkten ihnen manchmal Pflaumen, Äpfel und Birnen, Erbsen, Bohnen und Kartoffeln.

Und im Winter Kinderwürstchen. Wenn vier Jungen je ein Kinderwürstchen erhielten und das von 60 Bauernhöfen, wie viele Kinderwürstchen bekamen die Jungen dann? Die Frage haben wir Kinder uns öfter gestellt in der Vorstellung, die vier armen Jungen müssten eigentlich so viele Kinderwürstchen in jedem Winter geschenkt bekommen, dass die komplette Familie das ganze Jahr nur von Kinderwürstchen leben könnte. Dass niemand nur von Kinderwürstchen leben kann, egal wie viele er davon geschenkt bekommt, haben wir Kinder erst verstanden, als wir älter und vernünftiger wurden. In unserer Vorstellung lebte nämlich in unserem Dorf eine Familie, die das ganze Jahr über Kinderwürstchen verspeist, im Sommer wie im Winter und nichts anderes. Eigentlich eine schreckliche Vorstellung.

Heidrun Fengler-Kuna (geb. 1955),
aufgewachsen in Burkhardtsdorf im Erzgebirge (Sachsen)

Leben an Gleisen

„Am Bahndamm entlang bis zur Brombeerhecke, über den holprigen Bahnübergang meine geheimen Höhlen und Verstecke, die ganze Welt lag an dem Schienenstrang.“ So besingt Reinhard Mey sein Dorf am Ende der Welt.

Ich weiß nicht, welches Dorf er damit meint, aber es könnte mein Heimatdorf im Erzgebirge sein. Dieses lag an einem Schienenstrang im Tal des Flusses Zwönitz. Burkhardtsdorf schlängelt sich mit seinen vielen Bauernhöfen entlang des Tales bis hinauf auf 600 Meter Höhe, eingebettet in eine malerische Berglandschaft, in der etwas mehr als 4000 Menschen ihre Heimat haben.

Die Bahnlinie wurde 1875 ihrer Bestimmung übergeben und verbindet die Städte Chemnitz, später Karl-Marx-Stadt, mit Aue und Adorf im Vogtland. Damit einhergehend entstanden eine ganze Menge Bahnübergänge. Nicht alle Anwohner im Ort waren von der Bahnlinie begeistert, durchtrennte sie doch auch viele

Gehöfte, Grundstücke, Felder, Wiesen und Wälder. Gefährlich war das Überqueren der Gleise besonders an den unbeschrankten Übergängen mit Fuhrwerken und Tieren.

Das letzte Hochwasser im Tal der Zwönitz vom Juli 1954 steckte den meisten Einwohnern noch arg in den Knochen und hatte zusätzlich viel Leid über die Menschen und den Ort gebracht. Eigentlich gab es schon genug Armut durch das raue Klima, die kurze Vegetationszeit, die steinigen Böden und das bergige Gelände. Auch in den 1960er Jahren lebten hier noch die meisten Menschen in sehr bescheidenen Verhältnissen. Doch in dieser Not merkte man auch, wie man aufeinander angewiesen war. Die allgegenwärtige Hilfsbereitschaft stärkte vor allem den Zusammenhalt im Dorf. Die gesamte Nachbarschaft packte mit an, wenn beim Schlachten von Enten und Gänsen oder beim Federnschleißen viele fleißige Hände gebraucht wurden.

Familien mit Kindern verborgten sich gegenseitig Roller, Dreirad, Schaukelpferd oder Kinderfahrrad. In ganz wenigen Haushalten gab es schon Fernseher. So verabredete man sich für den Samstagnachmittag, um gemeinsam die Übertragung eines Fußballspiels anzuschauen.

Stand ein Fest an, wie Schulanfang, die Konfirmation, die Jugendweihe, eine Hochzeit oder ein runder Geburtstag, beschenkte man nicht nur die Verwandten, sondern überraschte auch die Nachbarn und Bekannten mit kleinen Geschenken. Auf den Gabentischen landeten viele praktische Dinge, wie Handtücher, Bettwäsche, Taschentücher, die teils mit Spitze umhäkelt waren, Seife und außerdem für die Schulanfänger Farbkasten, Buntstifte, Campingbeutel oder Schürzen. Auch mit zahlreichen Süßigkeiten

Das Gemeindebad.

erfreute man den Jubilar, besonders wenn eine Milkaschokolade oder ein Schokoriegel aus dem Westen dabei waren.
Die Kinder der 1. bis 10. Klassen wurden in zwei Schulen, die in unmittelbarer Nähe zueinander standen, unterrichtet. Auf dem großen Vorplatz fand montags vor dem Unterricht der Fahnenappell statt. Die meisten Schüler der 1. bis 7. Klasse waren Mitglied in der Pionierorganisation und trugen dabei ein weißes Pionierhemd mit blauem und später mit rotem Halstuch. Ab Klasse 8 trat ein großer Teil der Schüler in die Massenorganisation Freie Deutsche Jugend, die FDJ, ein. Sie nahmen im Blauhemd am Appell teil. Nach dieser Zeremonie startete jede Klasse entsprechend ihrem Stundenplan mit dem Unterricht.
Bereits frühmorgens begannen die Köchinnen, das Mittagessen für die Schüler und Lehrer vorzubereiten. Dieses wurde nach dem

Unterricht ausgereicht und in einem einfachen Speiseraum eingenommen. Am Nachmittag besuchten einige Schüler im Pfarrhaus die Christenlehre und die Musikalischen unter ihnen übten in der Kurrende. Es war möglich, der Pionierorganisation anzugehören und nach christlichen Werten zu leben, auch wenn das die Schulleitung nicht gerne sah.

Daneben hatten wir Kinder auch viele Pflichten, wie Einkaufen beim örtlichen Bäcker, Fleischer oder im Molkereigeschäft. Die Verkäuferinnen sprachen uns mit Namen an und kannten uns von klein auf. Es fiel ihnen sofort auf, wenn wir eine andere Frisur trugen oder neue Schuhe anhatten. Wir sorgten außerdem dafür, dass die Hasen täglich frisches Futter bekamen, befreiten die Kartoffeln von Keimen und wuschen sie für die Tiere. Wir holten die Milchkannen von der Rampe und reinigten sie im kalten Wasser vor. Mit dem Sammeln von Papier und Flaschen verdienten wir uns etwas eigenes Geld, denn es war nicht üblich, von den Eltern ein Taschengeld zur freien Verfügung zu bekommen.

In den Ferien gab es die Ferienspiele, eine ganztägige und preiswerte Kinderbetreuung in der Schule. Die Erzieher beschäftigten die Kinder mit Bastelarbeiten, mit Gesellschafts- und Geländespielen oder mit Kinobesuchen. Besonders die Eltern, die ganztägig in den Industriebetrieben arbeiteten, wähnten dort ihre Zöglinge bis zu ihrem Feierabend gut aufgehoben.

Ein beliebter Treffpunkt war am Wochenende das Gemeindebad. Eine gemeinschaftliche Badeanstalt mit Badezeiten von Freitagabend bis Samstagmittag um 14 Uhr. Im Warteraum wurde alles Wichtige besprochen, so lange, bis man vom Bademeister die nächste freie Wanne für das wöchentliche Badevergnügen zugeteilt

Der Lindenhof 1963.

bekam. Es standen zehn Kabinen mit jeweils einer Badewanne und eine Familienkabine mit zwei Badewannen zur Verfügung. Die Badezeit dauerte 30 Minuten und kostete 50 Pfennig, mit gut riechendem Fichtennadel-Badezusatz 15 Pfennige mehr. Darüber hinaus führte das Badepersonal auf Wunsch Massagen, Packungen, Wasserbehandlungen und Bestrahlungen mit der Höhensonne durch.

Ansonsten gab es auf unserer Straße noch eine öffentliche Mangel, den Glaser, einen Kunstgewerbeladen, ein Möbelgeschäft mit Schreib- und Haushaltwaren, eine öffentliche Bücherei, einen Tante-Emma-Laden, die Schneiderin, den Friseur und den Ofensetzer. Das waren Orte, an denen sich die Menschen immer wieder trafen. Hier erfuhr man, wo sich der Fuchs des Nachts gerade aufhielt und man die Hühnerställe besonders sichern musste, wer offene Beine hatte, einen Schlaganfall oder demnächst goldene Hochzeit hatte.

Ich erinnere mich noch gut an den Winter 1963. Ich war damals acht Jahre alt. Es war seit Wochen eisig kalt und in dieser Nacht schneite es noch einmal. Der Frost hatte in diesen ersten Januartagen das ganze Dorf voll im Griff. Da in der Schule die Heizung eingefroren war, sollten wir in kleinen Gruppen zu Hause lernen. Die Lehrer schauten von Zeit zu Zeit nach dem Lernduo, das aus mir und meiner Freundin bestand, und motivierten uns, endlich die Schulaufgaben zu erledigen. Natürlich war es viel interessanter, im Hof stundenlang an einer Schneehöhle zu bauen, die so hoch war, dass man sogar darin stehen konnte. Im Inneren gestalteten wir aus quadratisch ausgestochenen Schneeblöcken eine Bank, die mit einer alten Decke bedeckt für Gemütlichkeit sorgte. Vor dem Eingang stand ein Schneemann mit großen Augen aus Kohle und einem verbeulten Topf aus Emaille auf dem Kopf. Wir spielten gern im Freien und fühlten uns wohl, egal wie kalt es war. Immer länger werdende, teils meterlange schwere Eiszapfen hingen an den Dachrinnen und drohten ständig abzufallen. Erst kürzlich hatte sich ein solcher vom Dach gelöst und ein Kind am Kopf so schwer verletzt, dass es im Krankenhaus behandelt werden musste. Deshalb wurde jeder Hausbesitzer neben der Räum- und Streupflicht genötigt, auch an Wegen und Straßen die Eiszapfen entfernen. Sehr früh am Morgen erwachte das Leben im Dorf. Graue Schatten huschten durch die Finsternis und schoben den frisch gefallenen Schnee beiseite. Jeder stellte sich die Frage: wohin noch damit? Die weit über zwei Meter angewachsenen verharschten Berge waren kaum noch zu erklimmen. Zwischen Gehweg und Straße türmte sich eine gewaltige Mauer und versperrte den Blick auf dahinter laufende Fußgänger. Hecken und Büsche bildeten bizarre Figuren. Ein Pferdefuhrwerk mit Schneepflug, der Kutscher dick eingepackt in eine dunkle Wintersteppjacke, Filzstiefel und tief ins Gesicht gezogener Pelzschapka, zweigte von der Hauptstraße ab und fuhr hinauf zu den Bahngleisen. Die Schranken am Bahnübergang wurden gerade wegen eines angekündigten Personenzuges aus Karl-Marx-Stadt geschlossen. Schrankenwärterin Erna kannte den Fahrplan wie ihre Westentasche. Die kleine korpulente Frau war mit einer schicken dunkelblauen Winteruniform der Deutschen Reichsbahn bekleidet und begrüßte den leicht angeheiterten Kutscher. Beide kannten sich seit Langem. Für sie war es eine willkommene Pause und Zeit für ein morgendliches Schwätzchen, denn sie waren beide an diesem Tag schon eine ganze Weile auf den Beinen. Etwas steif zog er einen kleinen Flachmann aus der Tasche und bot Erna freudestrahlend ein Schlückchen aus seiner Flasche zum Aufwärmen an. So trotzte er der frostigen Kälte auf dem Kutschbock seines Schneepfluges, doch sie lehnte erwartungsgemäß ab. Für Alkohol zu so früher Stunde hatte die korrekte und pflichtbewusste Erna kein Verständnis. Etwas abschätzig betrachtete sie den Kutscher, doch der nahm einen kräftigen Schluck und schmunzelte in sich hinein.

Erna bewohnte mit ihrem Ehemann, der ebenfalls als Bahnmitarbeiter tätig war, das winzige Bahnwärterhäuschen. Es hatte nur drei Räume und stand direkt an der Straße, welche über die Gleise führte. Ihren Vorgarten pflegte sie im Sommer immer liebevoll, doch jetzt war er völlig im Schnee begraben. Sie hatte selten dienstfrei, nur bei Krankheit oder Urlaub übernahm eine Mitarbeiterin aus dem nahe gelegenen Bahnhof diese Arbeit. An ihrem Feierabend besuchte sie die Bibelstunden, den Frauenkreis und sang im Kirchenchor. Sonntagmorgens saß sie in der Kirche immer auf derselben Bank und freitags traf man sie immer zur selben Zeit im Warteraum des Gemeindebads. Überhaupt lief der Alltag bei ihr nach einem festen Schema ab.

Es konnte schon einige Zeit dauern, bis der angekündigte Zug endlich an der letzten Haltestelle losfuhr. Zuvor befreiten die Streckenarbeiter mühevoll die Weichen und Signale von Eis und Schnee. Erna wartete geduldig an den geschlossenen Schranken.

Endlich stieg grauer Rauch auf und eine mit Schneeschieber bestückte Dampflokomotive grub sich schnaufend durch die Winterlandschaft. Mit einer netten Geste grüßte der Lokführer die beiden beim Vorbeifahren und aus seinem rußverschmierten Gesicht blitzten seine hellen Zähne auf. Er fuhr den Zug, der aus Postwagen und vier mit Berufstätigen voll besetzten Personenwagen bestand, hinein in das Zwönitztal bis in die Bergstadt Aue. Nur der Geruch von verbrannter Kohle hielt sich noch eine ganze Weile und der graue Staub sank auf den weißen frisch gefallenen Schnee. Während Erna die beiden rotweiß-gestreiften Schranken mühsam mit der Handkurbel nach oben drehte, setzte sich das Gespann mit einem kräftigen Ruck in Bewegung. Nur zwei Bauerngüter lagen jenseits der Schienen. Über einen steilen Anstieg erreichte der Kutscher den abseits stehenden prächtigen Vierseitenhof. Schon aus der Ferne war an der Front des Wohnhauses in Großbuchstaben „Lindenhof" zu lesen. Hochgewachsene kahle Linden unterstrichen auch bildlich den Namen. Paul, der Bauer vom Lindenhof, hatte schon auf das 2 PS starke Gefährt gewartet. Er musste den Kutscher nicht lange bitten, noch einige Zusatzrunden in seinem großen Hof zu schieben, dann galoppierte er zurück an die Hauptstraße. Der Weg zwischen Scheune und Stall war freigeräumt und Paul beförderte mit der Schubkarre eine Ration Rüben über den Hof. Doch das Tor der Durchfahrt war so vereist, dass Paul es nicht allein aufschieben konnte. Bäuerin Frieda stand schon mit einem Eimer Asche vor dem Haus und eilte ihrem Mann spontan zu Hilfe. Dann streute sie den steilen Weg hinunter zur Milchrampe an der Bahnstrecke. Immerhin rangierte die zierliche Frieda gleichzeitig fünf Milchkannen auf ihrer Karre dorthin. Sie ging den Weg einige Male, bis die gesamte Milchmenge auf der Rampe stand. Um spätestens sechs Uhr mussten die 20-Liter-Milchkannen bereitstehen. Von dort holte sie ein Fahrer mit einem Lastwagen ab und brachte sie in die nahe gelegene Molkerei nach Karl-Marx-Stadt. Etwa 45 Kühe standen im hochmodernen Stall. An jedem Tierplatz sorgten Tränken für die ständige Verfügbarkeit von Wasser und über ein unterirdisches Güllesystem lief die Jauche ab. Die Tiere konnten sich auf täglich frisch eingestreutes Stroh legen. Beim Anschalten der Melkanlage übertönte ein Pulsator alle Geräusche im Stall. Das so erzeugte pulsierende Vakuum im Melkzeug und im Schlauchsystem beförderte die Milch aus dem Kuheuter in die

Kannen. Die Winterfütterung der Tiere bestand hauptsächlich aus Silage, Kraftfutter und Heu. Hinter dem Hof etwas abseits befanden sich die Silos und der Misthaufen. Der Lindenhof war ein sehr gepflegtes und sauberes Anwesen. In der geräumigen Küche glänzten die Kacheln und die großen Fenster ließen viel Licht in den Raum. Über der Tür hing seit Jahren ein bunt bemaltes Holzschild mit dem Spruch „Ohne Arbeit früh und spät wird dir nichts geraten, der Neid sieht nur das Blumenbeet, aber nicht den Spaten." Er wurde zum Leitspruch für die Familie und alle Besucher, die im Lindenhof ein- und ausgingen. Drei Generationen saßen nach der Morgenarbeit am Tisch und frühstückten gemeinsam. Es gab wie immer Malzkaffee mit Milch und Eingebrocktes – eingeweichte, altbackene Brotstücke, dazu Butter und Salz. Überhaupt standen auf dem alltäglichen Speiseplan nur einfache Gerichte aus eigener Produktion.

Frieda war eine sehr gute Köchin, doch sie hatte neben den vielen Pflichten im Haushalt auch Arbeiten im Stall zu verrichten. Täglich bekam sie gut gemeinte Tipps und Hinweise ihrer Schwiegermutter, obwohl sie bereits eine hauswirtschaftliche Schule besuchte. Sie musste nun die Erfahrungen früherer Generationen und die gelernten neuen Erkenntnisse unter einen Hut bringen. Sie beherzigte oft die Worte ihrer Schwiegermutter, ihren Teil konnte sie sich denken. Es war an der Zeit, mit Paul über den Tagesplan zu sprechen: Der Lederriemen an der Transmission der Rübenhäckselmaschine war marode, die Jauchegrube lief fast über und am Tor der Hofeinfahrt sorgte ein verbogenes Scharnier für Ärger. Der ortsansässige Sattler nähte den gerissenen Riemen mit einem Lederflicken wieder zusammen. Das

Scharnier am Scheunentor wechselte der Schlosser aus. Nur wenn partout keine Reparatur mehr möglich war, dachten sie über eine Neuanschaffung nach. Viele Arbeiten führten Paul und Frieda aber eigenhändig durch. Mit eine Jauchepumpe beförderten sie die überschüssige Jauche in ein Fass, welches sie bei wärmeren Temperaturen auf dem Feld entleerten.

In den Monaten mit „R“ schlachtete man vorrangig zum Eigenverbrauch, aber auch zum Verkauf an Freunde und Bekannte, die individuell gehaltenen und aufgezogenen Schweine und Rinder. Erst mit Erfüllung des staatlichen Ablieferungssolls bekam man die Genehmigung zum Schlachten. Viele Hände wirkten beim Schlachtfest mit, beim Blutrühren, beim Fleischschneiden und beim Abfüllen der Wurst in die Gläser oder Därme. Nach dem großen Reinemachen der Kessel, Töpfe, Pfannen und Schneidbretter ließ man sich in fröhlicher Runde das frische Wellfleisch mit Sauerkraut schmecken. Bevor die Helfer den Heimweg antraten, tranken sie zur Verdauung noch eine Runde Kümmelschnaps.

Um 1950 gab es etwa 60 Gutsinhaber oder Pächter. Mehrheitlich hatten die Höfe eine Größe von 10 bis 20 Hektar. Um 1958 wurden die Bauern verstärkt von Parteifunktionären bearbeitet, sich endlich zu Landwirtschaftlichen Produktionsgenossenschaften zusammenzuschließen. Dabei konnten sie sich vorerst für eine von drei verschiedenen Varianten entscheiden. Diese unterschieden sich dadurch, dass bei Typ I nur der Grund und Boden, bei Typ II zusätzlich Maschinen und bei Typ III auch noch brauchbare Gebäude und Vieh an die Genossenschaft übereignet wurden. Die Bauern hatten nur die Möglichkeit, eine kleine individuelle Nebenwirtschaft auf einer Restfläche zu betreiben. Etwa 830 ha

Land standen am Ende für die gemeinschaftliche Nutzung zur Verfügung. Anfang 1960 trat die Mehrzahl der Bauern der LPG bei, auch getrieben von dem ständigen Mangel an Arbeitskräften. Gründe für die Abwanderungen der Arbeitskräfte aus der Landwirtschaft in die Industrie waren der höhere Verdienst, die bessere Wertschätzung, Sozialleistungen und die geregelte Arbeitszeit.

Die Vergenossenschaftlichung sollte schneller vorangehen. Den Reformern, die im Auftrag der Partei aus dem Ort und vom Rat des Kreises Karl-Marx-Stadt kamen, ging alles zu langsam. So versuchte man, mit gestreuten Desinformationen im privaten Umfeld für Verunsicherung zu sorgen und die Bauern gegenseitig auszuspielen. Mit Halbwahrheiten wurden Familien in der Öffentlichkeit bloßgestellt und denunziert. Auf der Anschlagtafel fand man die Namen derer, die noch unentschlossen zögerten. Damit rissen sie sehr tiefe Wunden in die Bauernseelen, die teils heute noch nicht geheilt sind und von Generation zu Generation weiter bestehen. Erst 1965 war die Eingliederung in die Genossenschaften vollständig abgeschlossen.

Vor Eintritt in die LPG wurde ein Pflichtinventarbeitrag entsprechend der Grundstücksgröße des Hofes ermittelt. Der Bauer wurde nun zum Genossenschaftsmitglied und von der LPG verpflichtet, den Beitrag in Form von Vieh, Maschinen, Gebäuden oder Geld einzubringen. Stallanlagen, Scheunen und andere Gebäude, Maschinen und Tiere gingen in das Eigentum der Genossenschaft über. Der Grund und Boden gehörte weiterhin den Bauern, trotzdem konnten sie nicht darüber verfügen. Im Gegenzug erhielten sie einen flächenbezogenen Gewinnanteil, den sogenannten Bodenanteil. Diejenigen, die nicht in der Lage waren, das Geforderte einzubringen, bekamen die Bodenanteile nicht ausgezahlt; bei ihnen rechnete man den Betrag gegen den fehlenden Pflichtinventarbeitrag auf.

Die LPG nutzte zunächst auch die vorhandenen modernen Stallanlagen und Wirtschaftsgebäude des Lindenhofes. Die Genossenschaft musste nun für Arbeitskräfte sorgen und es gab natürlich Probleme, geeignete Leute zu finden. Industriearbeiter erhielten den Parteiauftrag, in der Landwirtschaft zu arbeiten. Sogar ehemalige Straftäter sollten im Kuhstall mithelfen. Sie alle saßen dann bei Frieda am Küchentisch.

Obwohl den Landwirten sehr gute Ausbildungen an Berufs-, Meister- oder Fachschulen angeboten wurden, erlernten alle drei Kinder von Paul und Frieda keinen landwirtschaftlichen Beruf. Auch andere Eltern rieten ihren Kindern davon ab und schickten sie lieber zum Ökonomie- oder Maschinenbaustudium. Manche Bauernkinder erlernten Berufe wie Friseuse, Bankkaufmann, Sekretärin, Lehrer oder Konfektionär.

Einige Jahre später erkannte man, dass die gemeinsame genossenschaftliche Bewirtschaftung auch Vorteile mit sich brachte. Es entstanden mit staatlicher Unterstützung neue große Ställe für konzentrierte Viehbestände unter modernen Produktions- und Haltungsbedingungen. Die kleinen Parzellen der Bauern fügte man zu großen Schlägen zusammen, um sie mit neu entwickelten Traktoren und Maschinen effektiv bearbeiten zu können. Die Steigerung der Erträge auf den Feldern und die Erhöhung der Milch- und Fleischproduktion standen jetzt im Mittelpunkt der Innenpolitik. Die Versorgung der eigenen Bevölkerung mit Lebensmitteln sollte gesichert sein, da für den Import von landwirtschaftlichen Produkten die Devisen fehlten. Viele Grundnahrungsmittel wie Backwaren und Milchprodukte subventionierte der Staat und waren für jeden Bürger erschwinglich. Die Kehrseite davon war, dass Brot oft im Abfallkübel oder im Tierfutter landete.

An den langen Winterabenden trafen sich die Landfrauen zum „Hutzenohmd". Auch bei Frieda saßen am Abend mehrere Bäuerinnen und wärmten sich am Kachelofen den Rücken. In der Küche roch es lecker nach Bratapfel und Zimt. Neuigkeiten wurden ausgetauscht: Was am nächsten Tag gekocht wird, welcher Film im Kino läuft, wer gestorben ist oder bei wem die nächste Familienfeier steigt. Es wurde viel musiziert und in erzgebirgischer Mundart gesungen. Eine Bäuerin brachte ihr Akkordeon mit und begleitete die sangesfreudige Damenrunde. Auch allerlei Bekleidung entstand aus heimischer Schafwolle. Die geschorene Rohwolle erhielt erst im Wasserbad eine Reinigung, bevor sie von einer Spinnerin zu einem Faden verarbeitet wurde. Auf einen Knäuel gewickelt, konnte sie verstrickt werden. Einige Frauen fertigten Pullover, Mützen und Handschuhe, andere Schals, Socken, ja sogar Unterwäsche. Für die Kinder war diese selbst gestrickte, auf der Haut kratzende Wäsche ein wahrer Alptraum.

Am Nachmittag trugen wir Kinder, die an diesem Straßenabschnitt der Hauptstraße wohnten und die gleiche Schule besuchten, gern Rodelwettkämpfe aus. Hurtig eilten wir in Richtung Lindenhof. Natürlich waren die Schranken wieder geschlossen und Erna warnte eindringlich davor, in dieser gefahrvollen Situation noch schnell die Schienen zu überqueren. Sie sah es überhaupt nicht gern, wenn wir dieses sowohl sicht- als auch hörbare Signal missachteten, und zählte uns auf, was schon alles dabei passiert war. Auch Frieda wollte vor dem Lindenhof keine eisglatte Rodelbahn und streute wieder Asche auf den Weg. Aber für uns war das Schlittenfahren ein himmlisches Vergnügen und nichts konnte uns davon abhalten. Mit rot gefrorenen Gesichtern und tropfenden Nasen, eingepackt mit Schafwollmütze und dicken Fausthandschuhen, trotteten wir immer wieder den Berg hinauf. In der Zwischenzeit passierten mehrere Züge den Bahnübergang und Schrankenwärterin Erna beäugte skeptisch unser Rodelvergnügen. Jedes Mal klingelte bei ihr das schwarze Telefon und kündete den nächsten Zug an. Bei den eisigen Temperaturen funktionierte die mechanische Signaltechnik nicht immer und es kam zu vielen Verspätungen. Die Drähte entlang der Gleise lagen unter einer dicken Schnee- und Eisdecke. All das sorgte schon für viel Aufregung im Bahnwärterhäuschen, da hatte die Frau für unsere Abenteuer überhaupt keinen Nerv.

Wir wollten mit den alten Holzschlitten besonders schnell fahren und banden mehrere zu einem Zug zusammen. Doch sobald am Berg einer der Schlitten umkippte, riss er die anderen mit. Ohne Steuermann und Bremser landeten wir oft unkontrolliert auf dem Bahnübergang. Erna kam jedes Mal mit erhobenem Zeigefinger schimpfend auf uns zu. Schnell traten wir dann den Heimweg an, denn unsere Eltern sollten davon nichts erfahren. Machte uns das Schlittenfahren keinen Spaß mehr, holten wir die Schneeschuhe heraus, so nennt man im Erzgebirge die Skier. Mit etwas Glück standen wir alle recht schnell mit der passenden Ausrüstung wieder bereit. Der Skihang lag ebenfalls in der Nähe des Lindenhofes und wir mussten wiederum die Bahngleise passieren. Die Asche, die Erna vor ihr Bahnwärterhäuschen und auf die Straße streute, knirschte unter unseren Brettern. Trotz der Hemmnisse zogen wir weiter und kraxelten Schritt für Schritt den Berg hinauf. Das Skifahren haben wir uns selbst beigebracht und nach einem Sturz standen wir schnell wieder auf den Beinen. Unsere Eltern mussten sich nicht um uns sorgen und wir erlebten eine unbeschwerte Kindheit.

Derzeit gibt es in den Wintermonaten nur selten eine geschlossene Schneedecke. Die Kinder erhalten heute neben einer tollen Skiausrüstung Unterricht von ausgebildeten Skilehrern zum Einmaleins des Skifahrens. All das ist nicht mehr vor der Haustür möglich, sondern nur auf dem Erzgebirgskamm oder einem anderen Gebirge. An der Bahnanlage rodelt niemand mehr und die Schranken wurden durch eine Lichtsignalanlage ersetzt, die automatisch vom zentralen Stellwerk bedient wird. Es entstand ein zusätzlicher Haltepunkt für die Reisenden aus dem Ort. Die neue Citybahn bringt hauptsächlich die Schüler aus den anliegenden Gemeinden an ihre Schulen und Gymnasien, für den Berufsverkehr ist sie hingegen kaum noch von Bedeutung.

Der Weg zum Lindenhof ist immer noch steil und steinig. Alle Gebäude des Gehöftes sind noch gut in Schuss, aber die nachfolgende Generation betreibt seit Langem keine Landwirtschaft mehr, sondern nutzt die Gebäude nur noch als Lager- und Abstellraum. In vielen anderen ehemaligen Bauernhöfen ist das ebenso.

Im Gemeindebad entstanden moderne Wohnungen für mehrere junge Familien. An der Straße gibt es kaum noch Geschäfte, dafür aber einen Neubau mit Spielplatz für die Unterbringung der

Hortkinder. Der Ort entwickelt sich ständig weiter zu einer attraktiven Landgemeinde und ist eine echte Alternative als Wohnsitz für Chemnitzer Familien mit Kindern. Sie finden in Burkhardtsdorf gute Bedingungen, denn bei Weitem nicht jedes Dorf kann mit Kindergarten, Grund- und Mittelschule sowie mit einem Hort aufwarten. Das ausgedehnte Wanderwegenetz im Abtwald und die hübsch renovierten Landgasthöfe laden zur Erholung ein und liegen in einem herrlichen Landschaftsschutzgebiet, das direkt hinter den Gleisen beginnt.

Alles hat seine Zeit, oder um es mit den Worten von Johann Wolfgang Goethe zu sagen: „Jedes Jahrzehnt des Menschen hat sein eigenes Glück, seine eigenen Hoffnungen und Aussichten."

Ilse Luitgens (geb. 1954),
aufgewachsen in Vellage im Rheiderland (Niedersachsen)

Hinter dem Deich

Mitten durch das Dorf meiner Kindheit verlief eine Straße und verschiedene Sandwege führten zum Deich und zu den Ländereien, wo die Bauern Kartoffeln und Getreide anbauten. Die Kühe wurden über die Dorfstraße hinter den Deich zu den Weiden getrieben, die Kälber durften auf die kleine Wiese hinterm Haus. Die Häuser waren die Straße entlang wie eine Perlenkette aufgereiht. Am Ende des Dorfes gab es eine kleine Siedlung mit Arbeiterhäusern. Insgesamt 200 Menschen lebten damals in dem kleinen Dorf.

Jeder kannte jeden und die Gemeinschaft war damals sehr besonders. Es gab kaum Streitigkeiten. Das lag vielleicht auch daran, dass die Menschen zufrieden waren mit dem, was sie hatten. Die Betriebe waren im Vergleich zu heute sehr klein und die meiste Arbeit wurde per Hand verrichtet. Die beiden alten Traktoren, die es im Dorf damals gab, wurden bei der Heuernte noch untereinan-

Mein Elternhaus.

der ausgeliehen. Nachbarschaftshilfe war selbstverständlich.
Bei uns im Dorf wohnten viele Kinder. Im Sommer haben wir im Teich gebadet, alle Dorfkinder waren dann beisammen. Wenn die Kühe auf die Weiden kamen, wurden die Ställe gründlich gesäubert und dann ging es los! Jedes Kind brachte irgendetwas mit: alte Gardinen, Töpfe, Steine usw. Daraus bauten wir uns die schönsten Zimmer in den einzelnen Ställen und konnten darin Nachmittage lang herrlich spielen. Im Winter gab es damals noch sehr viel Schnee. Hinter unserem Haus lag eine kleine Wiese. Dort haben wir dann unser eigenes Kinderdorf aus Schnee gebaut.
An dieses Dorf erinnere ich mich heute noch sehr gerne. Meine damaligen Freundinnen sind mir bis heute treu geblieben, und das ist schon etwas Besonderes!
Der Lehrer, der die Kinder von der ersten bis zur achten Klasse unterrichtete, lebte mit seiner Familie in einem Haus direkt bei

der Schule. Wie bei allen Häusern im Dorf gab es auch hinter dem Lehrerhaus einen riesigen Gemüsegarten. Eine große Treppe führte zur Eingangstür hoch. Schon diese Treppe flößte Respekt ein. Der Lehrer war im Dorf eine Respektsperson. Er war streng, aber gerecht. Er hat uns vieles beigebracht, auch wie man mit seinen Mitmenschen umgeht. Seit der Lehrer mit seiner Familie weggezogen ist, gibt es im Dorf keine Schule mehr.

Das erste Haus des Dorfes lag etwas abseits von der Straße. Hier wohnte Frau Hauptmann. Von ihr hatten unsere Eltern den Hof gepachtet. Dafür bekam sie Geld und Naturalien. Wir Kinder brachten Frau Hauptmann jeden zweiten Tag eine Kanne Milch und staunten jedes Mal aufs Neue über solch ein riesiges Haus. Unser Weg zu ihr verlief über eine große Wiese, direkt hinter unserem Haus. Über einen Graben führte eine kleine Holzbrücke und schon waren wir in ihrem Garten mit einem herrlichen Apfelbaum, der im Herbst immer voller roter Äpfel hing. Oftmals gab es einen Apfel als Belohnung fürs Milchbringen. Im Haus durften wir nur die Küche betreten. Einmal, als Frau Hauptmann krank war, hatte ich endlich mal die Gelegenheit, ihr Wohnzimmer zu betreten, denn dort lag sie auf ihrem Sofa. Daneben standen ein riesengroßer Schreibtisch voller Bücher und eine große Standuhr. Das Größte aber war für mich das Vogelhaus mit drei wunderschönen Kanarienvögeln darin. So etwas hatte ich noch nie gesehen. Das Vogelhäuschen war grün-weiß angestrichen, hatte große Fenster und eine Tür, wo die Vögel rausspazieren und im Zimmer herumfliegen konnten. Für mich als Kind war das ein einmaliges Erlebnis. Meine Schwestern haben dieses Vogelhaus später auch einmal gesehen und waren ebenso begeistert.

Fünf Schulklassen in einem Raum.

An einem Ende des Dorfes stand eine kleine Kirche. Sie lag direkt hinter der Schule. Jeden Sonntag trafen sich die Dorfbewohner dort zum Gottesdienst. Zu dieser Kirche gehörte Maria, eine alte, kleine, krumme Frau. Sie war immer freundlich und sehr bescheiden. Maria bewohnte ganz allein ein kleines Häuschen mit niedrigen Decken und einer winzigen Küche. Ihr Mann war gestorben und die beiden Töchter bewohnten eigene Häuser. Maria war schon sehr alt. Sie war klein, ihr Rücken hatte sich im Alter immer mehr verformt. Dunkler Rock, dunkle Bluse, eine Kittelschürze, darüber eine Strickjacke, die sie in jungen Jahren selbst angefertigt hatte, das war ihre Kleidung. Tagaus, tagein. Die Haare zu einem Knoten hochgesteckt, das Gesicht voller Falten, die Augen schon sehr trübe, aber immer wachsam. Das Leben von Maria fand fast nur in ihrer kleinen Küche statt. Darin stand ein Stangenherd, ein Tisch mit zwei Stühlen, ein Schrank und ein Hornstuhl, in dem Maria immer saß. Ein dickes Kissen stützte ihren Rücken. Das Bett

war in der Wand integriert. Man nannte das damals eine Butze.
Für uns Kinder war Maria immer etwas ganz Besonderes. Sie hatte einen trockenen Humor und liebte uns Kinder und das Leben.
An Sonntagen, Feiertagen, Hochzeiten und Beerdigungen lief Maria zur Kirche und läutete die Glocken. Manchmal durfte ich sie begleiten. Über eine steile Treppe, die bei jedem Schritt knarrte, gingen wir zum Glockenturm. Es war für mich als Kind sehr feierlich, wenn Maria den dicken Strang mit beiden Händen umfasste und hin- und herschwang, sodass die Glocke hell über das Dorf ertönte.
In der Kirche saß Maria immer auf der hintersten Bank. Das zeigt auch, wie bescheiden sie war. Als Lohn für ihre Dienste bekam Maria Lebensmittel, weil alle wussten, wie arm sie war. Einmal hatte meine Mutter Pudding für sie gekocht. Ich sollte ihn zu ihr rüberbringen. Unterwegs konnte ich nicht widerstehen und habe die Schüssel halb leer gegessen und mit meinen Händen den Rest schön glatt gestrichen. Maria hat es nicht bemerkt, sie war ja fast blind, aber ich hatte doch ein schlechtes Gewissen. Maria ist sehr alt geworden. Als sie starb, war das ganze Dorf auf der Beerdigung. Ihre Glocke hat auch sie auf dem letzten Gang begleitet. Eine andere Frau übernahm das Läuten.
Ein ganz besonderer Mensch aus unserem Dorf war Opa Sterrenberg. So wurde er von jedem benannt. Er bewohnte mit seiner Tochter und seinem Bruder ein kleines Bauernhaus. Hinter dem Haus lag sein geliebter Gemüsegarten, in dem in einem langen Beet sogar Spargel wuchs. Keiner sonst im Dorf besaß so ein edles Gemüse. Trotz seines hohen Alters verrichtete Opa noch alle Arbeiten allein.

Meine Schwester mit unserer Nachbarin bei der Heuernte.

Opa Sterrenberg hatte früher selbst einen kleinen Bauernhof bewirtschaftet und war danach noch einige Jahre Molkerei-Direktor in Vellage gewesen. Er kannte alle im Dorf und ging ganz selbstverständlich in den Häusern aus und ein. Wenn er zu uns kam, gab es immer eine Tasse Tee. Wir Kinder und auch die Erwachsenen liebten seine Geschichten, die er uns immer erzählte, angefangen vom Krieg in Russland bis hin zu seinen Jagderlebnissen. Von Rehen, Hasen und Enten, die er gejagt, aber selten getroffen hat. Vieles war sicher erfunden, aber damit nicht weniger spannend. Wir hatten unseren Spaß.

Seine größte Leidenschaft war das Jagen in der herrlichen Natur. Mein älterer Bruder, damals neun Jahre alt, durfte ihn oft begleiten. Dabei benutzte er Opas Luftgewehr. Sogar einen Jagdschein stellte Opa für ihn aus. Der ganze Stolz meines Bruders. Wie wurde er doch von den anderen Jungs beneidet. In späteren Jahren haben wir noch oft über die Geschichte mit dem Jagdschein gelacht. Mein Bruder ist noch immer ein Naturliebhaber und ein Jäger.

Das Markenzeichen von Opa war seine lange Pfeife, die reichte ihm bis zu den Beinen! Einmal im Winter, als es bitterkalt war, setzte Opa sich mit einem Stuhl vor unseren Stangenherd, legte die Füße in den Backofen, rauchte Pfeife und erzählte. Plötzlich sprang er hoch und hüpfte durch die Küche. Seine Socken qualmten genau wie seine Pfeife. Oh, wie haben wir gelacht! Danach war der Backofen für Opa Sterrenberg tabu.

Jeden Winter wurde ein dickes Schwein geschlachtet. Das tote Tier hing dann an einer Leiter vor dem Haus. Ein Schlachter aus der Nachbarschaft zerlegte das Schwein, vorher wurde das Blut in einer großen Schüssel aufgefangen, um Blutwurst daraus zu machen. Zwei Tage lang wurde dann gewurstet und eingekocht. Eine Gefriertruhe besaßen wir nicht. Am Abend des Schlachtens gab es immer ein besonderes Festessen! Schweinebraten mit Kartoffeln, Soße, Bohnen, Roten Beten und Kürbis süß-sauer. Als Nachtisch Wackelpudding mit Sahne. Ein herrliches Essen und Opa Sterrenberg gehörte natürlich an jedem Schlachttag zu den Gästen. Es war immer ein ganz besonderer Abend und wir Kinder – fünf an der Zahl – wären so gerne noch länger aufgeblieben, um den Gesprächen der Erwachsenen zu lauschen.

Heute in dieser schnelllebigen Zeit denke ich noch oft an damals zurück! Alles hat sich verändert. Selbst das Leben der Kinder ist stressig, weil sie schon zu viele Verpflichtungen haben. Reiten, Fußball spielen, tanzen und schwimmen. Ich finde es schade, dass unsere Enkelkinder all das vermissen, was wir als Kinder erleben durften! Aber sie leben nun mal dieses andere Leben und kennen es gar nicht anders. Möge ihnen auch mal ein Opa Sterrenberg über den Weg laufen und ihnen Lachen und Fröhlichkeit entlocken!

Richard Betz (geb. 1956), aufgewachsen in Rodheim (Bayern)

Die Hohlblocks

Das fränkische Bauerndorf Rodheim mit seinen damals gut 300 Einwohnern, in das ich 1956 hineingeboren wurde, liegt ungefähr 30 Kilometer südlich von Würzburg. Es war durch eine Laune der Geschichte und einen Tauschhandel im Zuge der Gegenreformation wieder katholisch geworden. Im Gegensatz zu allen umliegenden Dörfern. Ein Dorf in der Diaspora. Dies führte sicherlich zu einem ganz besonderen Zusammengehörigkeitsgefühl der Rodheimer. Allerdings war das Anbandeln zwischen Mann und Frau ziemlich erschwert, jedenfalls, wenn man sich in der näheren Umgebung umsehen wollte. Eine Hochzeit mit einer „Evangelischen" oder einem „Evangelischen" war in meinen Kindheitstagen undenkbar. Als Fanal katholischen Selbstverständnisses steht an der höchsten Stelle des Schulberges, weithin sichtbar, die große und überaus prächtig ausgestattete Dorfkirche St. Kilian mit ihrer immensen Orgel, die den Kirchenraum bis unter die Deckenfresken vollständig mit Klängen zu füllen vermochte und vermag. Katholische Pracht und Herrlichkeit.

Nachwuchs der Rodheimer Musikanten 1989.

In diesem fast reinen Bauerndorf, gesegnet mit den besten Böden des Uffenheimer Gaues, waren die Themen damals gesetzt. Es ging ums Säen, Pflegen und Ernten, um Felder und Traktoren, Getreide und Mais, um Zuckerrübenrechte und Milchkontingente. Die Tage waren gefüllt mit täglichen Pflichten auf dem Hof und den Arbeiten auf den Feldern im ewigen Kreislauf der Jahreszeiten. Jeder bekam seine Aufgaben und musste anpacken. Ohne die Mithilfe der ganzen Familie ging es nicht. All diese Dinge waren notwendig, für uns Kinder und Jugendliche aber oft auch lästig.

Ansonsten gab es nicht viel. Für uns Jungs gab es die Jugendfeuerwehr, das Ministrieren in der Kirche und das Ratschen an Ostern. Und selbst als sich das für uns Jungs entscheidend änderte, gab es für die Mädchen immer noch gar nichts. Die mussten sich das alles erst noch erobern.

Mein Elternhaus steht am außergewöhnlich großen Dorfplatz, in Sicht- und vor allem Hörweite zum ehemaligen Rathaus, in dem in meiner Kindheit jede Woche die Blaskapelle probte. Obwohl in unserer Familie weder das Musizieren noch das Singen gepflegt wurden, konnte ich, soweit ich zurückdenke, nicht genug bekommen. Nicht genug bekommen von Tönen. Immer wenn die Blasmusik probte, konnte ich nicht schlafen, bis der letzte Ton verklungen war. Und beim Osterblasen, wenn die Musiker oben im Kirchturm spielten, klebte ich als kleines Kind selig am Fenster, um ja keinen Ton zu verpassen. Und dass ich irgendwann selbst oben im Turm zwischen den Kirchenglocken Blasmusik spielen würde, und nicht nur dort, habe ich Erhard Schneider und Max Groll zu verdanken.

Bei beiden lebte die Musik schon seit mindestens zwei Generationen vor ihnen in den Familien, wurde also weitergegeben und vererbt. Bei Erhard spielte schon der Onkel seines Vaters die Tuba in der Blaskapelle. Als dieser altersmäßig nicht mehr konnte, übernahm Erhards Vater. Als 14-Jähriger musste Erhard bei einer Prozession einspringen, weil der Vater krank war. Er hatte schon als kleiner Junge immer wieder versucht, der riesigen Tuba Töne zu entlocken. „Jetzt musst du das machen", war die klare Ansage. Und dabei blieb es, auch als der Vater wieder gesund war.

Erhards Vater spielte in Rodheim die Orgel. Auch das wurde weitervererbt. Dafür wurde Erhard mit 14 in ein Musikinternat geschickt. Dort hat er sich die notwendigen theoretischen Grundlagen geholt, von denen später noch viele im Dorf profitieren sollten.

Bei Max war es ganz ähnlich. Sein Vater spielte Posaune, der Junge probierte das natürlich aus und konnte irgendwann spielen, ohne überhaupt Noten zu können. Sein Onkel, der Pfarrer wurde, spielte Akkordeon. Es konnte also durchaus passieren, dass der Herr Pfarrer morgens ein Brautpaar vermählte und abends auf der Hochzeitsfeier zum Tanz aufspielte. Max nahm später Akkordeonunterricht und spielt heute immer noch mit Freude und Begeisterung.

In einem katholischen Dorf gibt es einen grundsätzlichen Bedarf an musikalischer Gestaltung. Die beiden jährlichen Dorfprozessionen und die Wallfahrt ins nächstgelegene katholische Dorf wären ohne musikalische Begleitung höchstens halb so feierlich gewesen. Und ein Kirchweihtanz gänzlich undurchführbar.

Der Sonntagsgottesdienst war dörfliche Pflicht und Treffpunkt, ein wöchentliches Ritual meist ohne tiefe innere Teilhabe. Nach der Kirche stand man in Gruppen beisammen. Man verabredete sich für den Nachmittag oder fürs Schafkopf-Spielen bei Michel in der Kneipe. Max' jüngerer Bruder Manfred, Theologiestudent in Münsterschwarzach, spielte Akkordeon, Klavier und gelegentlich sonntags die Orgel. Er konnte für die Zwischenmusiken auch Beatles-Lieder so spielen, dass es keiner gemerkt hat. Uns hatte er es vorher verraten, sodass wir unsere helle Freude daran hatten. Als Manfred eines Sonntags vorschlug, einen Chor zu gründen und den sonntäglichen Gottesdienst gelegentlich mal etwas aufzupeppen und moderner zu gestalten, war die Dorfjugend sofort dabei. Und hierbei hatten nun die Mädels die tragenden Stimmen. Vielleicht war es auch ihre Idee, ich weiß es nicht mehr.

Damals war das Singen für uns Jugendliche noch etwas ganz Normales. Ob am Lagerfeuer oder bei unseren Spaziergängen an Sonntagnachmittagen zur Kneipe im Nachbardorf, Lieder gehörten dazu.

So probten wir schon bald in der Kirche unter Manfreds Leitung. Manfred wusste, wie's geht, schlug Stücke vor, hatte Charisma und nach ein paar Proben fragte er beim Pfarrer an, ob wir die Liturgie mitgestalten dürften. Und so standen wir bald in einer langen Reihe vor dem Altar und sangen mit Gitarrenbegleitung mehrstimmige moderne Kirchenlieder in deutscher und englischer Sprache. Eine ungewohnte Perspektive, der Blick in die Gemeinde. Es machte Spaß und kam im Dorf gut an. „Mal was anderes." So probten wir mit viel Spaß, sangen ein paarmal in der Dorfkirche und auch „auswärts".

Klar, wir brauchten einen Namen. Es wurde gesucht, vorgeschlagen und abgestimmt. Letztendlich fiel die Wahl auf „Happy Sound Singers", passend für unser Gefühl und für die 70er. Es war nicht unbedingt Manfreds Favorit. Wahrscheinlich wäre die Tradition der Rodheimer Blasmusik schon in meinen Kindheitstagen zu Ende gegangen. Es spielten nur noch eine Handvoll älterer Herren, die Auflösung der Kapelle stand um 1970 bevor. Doch es gab drei junge Männer, Ende 20, die das nicht hinnehmen wollten. Erhard hatte die Idee, eine Jugendblaskapelle zu gründen. Neben ihm und Max blieb noch der Freitags Paul dabei.

Es wurde unter den Jungs also herumgefragt: „Wer macht mit?" Die Idee fand Anklang im Dorf. Die Resonanz war überwältigend. Die Sache hatte Charme, und Erhard und Max brachten genug Begeisterung und Ausdauer für ihre Sache mit. Die alten

Musikanten stellten ihre Instrumente zur Verfügung. Es wurde geguckt, gehoben, in kleine und große Mundstücke geblasen, ausprobiert und ausgewählt, mit nach Hause genommen. Der Menders Ludwig schnappte sich gleich die große Tuba, das war von Statur und Habitus völlig klar. „Die Tuba, also der Bumperton, braucht einen richtigen Mann.“ Trompeten und Hörner fanden die passenden Lippen und ruckzuck war 1972 eine komplette Jugendblaskapelle beieinander. Es war auch keine Frage, dass uns von den Eltern ein passendes Instrument gekauft wurde.
Unser musikalisches Wissen und Können ließen allerdings sehr zu wünschen übrig. Wir konnten alle nichts, auch keine Noten lesen. Zumindest waren wir aber ausnahmslos auf demselben Stand. So unbedarft begann eine Erfolgsgeschichte, die bis heute anhält. Erhard übernahm die Ausbildung und wurde Dirigent. Max wurde später sein Nachfolger.
Nun saßen wir also jeden Mittwoch an einer langen Tischreihe, an der normalerweise Schafkopf gespielt wurde, lernten Noten, Töne und Rhythmen und spielten bald schon die ersten Lieder. Choräle, Walzer und den Marsch Nr. 5. Erhard hatte die Gabe, uns das alles beizubringen, die Geduld und auch die Autorität, mal ein Machtwort zu sprechen. Wir waren nicht die Diszipliniertesten, da wurde auch geredet und Blödsinn gemacht. Aber wir wollten spielen und hatten Spaß dabei.
In der Pause freuten wir uns auf Knackwurst und Kipf mit extra viel Senf, die uns vom Wirt, dem Neesers Michel, überreicht wurden. Michel war eher ein ruhiger Typ, der von seinem Stuhl aus, Zigarre paffend, das Geschehen beobachtete. Viel später erzählte mir seine Frau Erna, die nach Michels Tod weitermachte,

dass Michel zu Hause immer sehr ausführlich von unseren Musikproben berichtet hätte.

Nach der Probe wurde dann doch noch Schafkopf gespielt oder später, als wir schon was draufhatten, spielte eine Handvoll von uns einfach weiter. Da brauchte es keine Noten mehr. Aus dem Stegreif wurde zur Melodie improvisiert und die zweite Stimme gespielt. Bis uns der Wirt rausschmiss, weil der Nachbar endlich schlafen wollte.

Und bald schon zogen wir hinaus aus unserem Probenraum. Zuerst in unsere Kirche St. Kilian. „Großer Gott, wir loben dich" mit Blaskapelle, dafür sind Kirchen gebaut worden. Wir spielten bei Prozessionen und Beerdigungen. In Rodheim ist keiner ohne Blasmusik unter die Erde gekommen. Ein würdevoller und feierlicher Abschied. Wir spielten Geburtstagsständchen, Platzkonzerte, bei Feuerwehrumzügen und schließlich in Bier- und Festzelten in der Umgebung. Und einmal spontan, mitten in der Nacht, nach dem Maibaumaufstellen. Erhard wurde aus dem Bett geklingelt, die Instrumente geholt, und los ging's. Bier, Brot und Hausmacher Wurst waren sowieso schon da. Der Maibaum musste in der ersten Nacht traditionell bewacht werden. Nur in dieser Nacht war er in Gefahr, von den Burschen aus dem Nachbardorf umgesägt zu werden.

Wenn wir weiter weg spielten oder beim jährlichen Musikausflug, z.B. zum Gardasee, kamen wir gleich mit einer ganzen Busladung Musikanten samt Anhang. Ich erinnere mich gut an eine Einladung zum Feuerwehrfest in ein anderes Rodheim in Mittelhessen. Nach dem Feuerwehrumzug spielten alle Musikkapellen noch im Festzelt auf. Wir waren als Letzte dran, vor uns ausschließlich Spielmannszüge. Ein Spielmannszug spielt in erster Linie Marschmusik für die Beine. Eine Blaskapelle spielt auch fürs Herz. Plötzlich war da eine völlig andere Stimmung im Zelt. Es wurde mitgesungen und geschunkelt. Wir durften spielen, solange wir wollten. Spielen macht durstig. Bei uns stand damals traditionell neben jedem, oder fast jedem, eine Maß Bier. Im hessischen Rodheim wurden uns von den Bedienungen, die natürlich nicht hinterherkamen, Gläschen mit 0,1 Litern gereicht. Aber die kleinen Bierchen waren schon frischer. Ein Liter steht mit der Zeit halt doch sehr ab.

Ich war zwar überhaupt kein Außenseiter, aber ich war der Einzige mit langen Haaren im Dorf, weit und breit. Mein Vater musste sich im Wirtshaus einiges anhören: „wenn das meiner wäre". Zu Hause waren meine langen Haare, vor allem bei meiner Mutter, ein Streitthema in Endlosschleife. Belastet und belastend. Das änderte sich schlagartig, als wir auf den Festen und in den Bierzelten der Umgebung spielten. Ich konnte das ganz gut und war ja als „Langhaariger von der Rodheimer Blasmusik" leicht identifizierbar. Wenn ich mit meinem Moped in der Gegend zu irgendeinem Fest unterwegs war, stand oft plötzlich ein Bier vor mir auf dem Tisch und klopfte eine Hand auf meine Schulter. In der Großfamilie der Blasmusiker gehörte ich dazu – meine langen Haare waren hier völlig egal. Und trotz aller Selbstfindung und Abgrenzung hat mir das sehr gutgetan, mehr, als ich mir das damals eingestehen konnte. „Auf dem Dorf musst du bei einer Sache mitmachen, dann gehörst du dazu. Dann bist du einer von ihnen, egal was passiert." Eine kleine Gemeinschaft braucht vielleicht auch noch mehr das Gefühl, dass sich alle dazugehörig fühlen.

Es gab in unserem Dorf auch noch Projekte, die nur kurz auflebten und dann wieder verschwanden. Trotzdem haben sie für eine kurze Zeit die Dorfbewohner mobilisiert und zusammengebracht. So lag ein unscheinbarer Schuppen, gegenüber des ehemaligen Rathauses, viele Jahre im Dornröschenschlaf. Der Schuppen mit seinen zwei Emporen voller Gerümpel war einmal der Tanzsaal des Dorfes gewesen. Hier spielte meine Mutter unter Anleitung der Ordensschwestern Theater und hier wurde früher zum Kirchweihtanz aufgespielt. Vermutlich war es Manfred, der auf die verrückte Idee kam, wie früher einen Kirchweihtanz für Jung und Alt im ehemaligen Tanzsaal zu veranstalten. Es gab nur zwei kleine Probleme: Der alte Tanzsaal war seit Jahrzehnten eine Rumpelkammer, und wir hatten keine Band.

Doch der Weg von der Idee zur Tat ist auf dem Dorf oft sehr kurz und direkt. Und so guckten bald viele Augen durch die staubigen Fenster voller Spinnenweben. Die ganze Dorfjugend machte mit. Es wurde entrümpelt, gefegt, geputzt, das Dach an einer Stelle repariert, Fensterglas eingesetzt, der Holzofen flottgemacht, die Eingangstür repariert und eine Kasse installiert.

Die ebenerdige Tanz- und Sitzfläche war also eingerahmt von zwei Emporen und zur Dachfläche hoch und offen. Ein sehr schöner Raum. Für alles war Platz. Auf der „Bühne" für die Band und den Ausschank, auf der Fläche für Biertischgarnituren und Tanzfläche und auf der großen Empore war Platz für das Allerwichtigste, für eine Bar, die aber erst gebaut werden musste. Eine Tanzveranstaltung ohne Bar war undenkbar. Bei jedem „Samstagstanz" wurden irgendwann die Tanzpaare durch ein Spiel durcheinandergewirbelt, musste getauscht und gewechselt werden, so lange, bis die Band den Klassiker schlechthin anstimmte: „Und jetzt geht alles, alles, alles in die Bar, in die Bar, in die Bar …" Das führte sowohl zu Glücksgefühlen als auch zu Peinlichkeiten, zu einem unfassbaren Gedränge und nicht zuletzt, zu einem ordentlichen Umsatz. Es dauerte, bis man für sich und seine „Zufallseroberung" das Getränk der Stunde „Whisky-Cola" oder als politisches Gegengewicht „Cuba Libre" erkämpft hatte. Für den Bau der Bar aus rustikalen Schwartenbrettern war der Schreinersohn Eddi Löhnert verantwortlich. Die gesamte „Renovierung" haben wir ohne Geld und ohne Handwerker durchgeführt.

Jetzt fehlte nur noch eine Band. Für Manfred war aber sofort klar: „Das machen wir selbst." Keyboard, Akkordeon und Leitung würde er übernehmen. Das Grundgerüst war damit gesichert. Günther konnte mit seiner Gitarre die Akkorde jedes uns bekannten Liedes aus dem Stegreif spielen und den Refrain singen. Die zweite Gitarre übernahm mein Blasmusikkollege Werner Kämmerer. Blieb der Bass. „Richard, dann machst du das." Ich kannte zum Glück jemanden, der Bass spielte, mir ein paar grundlegende Dinge beibrachte und mir seinen alten Fender-Bass schenkte. Als Sängerin übernahm meine Cousine Luise Bätz das Mikrofon. Ein Schlagzeuger wurde von außerhalb besorgt. Und die Besetzung stand. Und wenn es für manche Stücke noch eine Trompete brauchte, das war natürlich gar kein Problem.

Wir nannten uns „Die Hohlblocks", aber das kann man nur verstehen, wenn man es im Dialekt ausspricht und ein paar dieser Steine mal vermauert hat. Hier meine heutige, persönliche Interpretation: Die „Houlblocksteine" sind einzeln zwar schwer, aber wackelig.

Zusammen und ausgefüllt (hier nehme ich als Füllmaterial Musik statt Beton) bilden diese aber eine unfassbar feste Mauer, die niemand zum Einsturz bringen kann.
Nach zwei Monaten, pünktlich zur Kirchweih, war der Tanzsaal hergerichtet und eine Musikanlage aufgebaut. Es wurde ein paarmal geprobt, und los ging's.
Der Kirchweihtanz war ein voller Erfolg. Jung und Alt, volles Haus. Wir spielten vom Schneewalzer bis zu Yellow Submarine. Es wurde geschunkelt, mitgesungen und getanzt. Nachdem wir unser gesamtes Repertoire durchgespielt hatten, und der Abend noch lange kein Ende fand, brachte uns Manfred gehörig ins Schwitzen. „Wunschkonzert." Das Publikum durfte uns Lieder zurufen. Manfred nannte uns die Tonart, spielte ein paar Takte vor, und los ging's. Wir waren glücklich. Der Abend war lang und klang an der Bar aus. Morgens um 4 Uhr wurde beschlossen, den Abend noch vor Weihnachten zu wiederholen. Noch ein einziges Mal. Da kamen dann auch schon Gäste aus den Nachbardörfern. Es passten einfach nicht mehr alle in den Saal. Der beträchtliche Gewinn wurde gespendet, die Houlblocks spielten nie wieder, und der Saal versank zurück in seinen Dornröschenschlaf.
Im Gegensatz zu den Houlblocks und den Happy Sound Singers hat die Blasmusik überlebt. Nicht nur das, es ist eine große Erfolgsgeschichte geworden. Nachdem Erhard als Dirigent aufgehört hatte, übernahm Max und später sein Sohn Manfred. Die Rodheimer Musikanten spielen in verschiedenen Besetzungen modern und klassisch und sind weit über die fränkischen Grenzen bekannt. Immer wieder werden neue Musikanten ausgebildet. Längst sind auch Mädchen und Frauen dabei.

Max spielt immer noch mit Begeisterung Akkordeon beim „Wirtshaussingen". Sein Bruder Manfred spielt das Akkordeon gleich in mehreren Musikformationen. Erhard schreibt Noten für Veh-Harfen, die im Nachbarort Gülchsheim erfunden wurden und dort gebaut werden. Die Musik hat uns damals zusammengebracht und bringt auch heute immer wieder die Menschen zusammen.

Ich möchte das Dorf nicht verklären. Es ist keine heile Welt. In praktischen Dingen sind die Menschen vom Dorf unschlagbar, sie machen einfach und reden nicht nur. In der Welt der Gefühle sind sie wie alle anderen auch, da gibt es keine einfachen Rezepte. Über Gefühle wurde früher bei uns überhaupt nicht geredet. Die katholische Kirche hat mit ihrer Vorstellung von Schuld und Sünde auch noch mehr als schöne Lieder und wunderbare Kirchenräume im Programm.

Für mich war Rodheim der beste Ort, an dem ich aufwachsen konnte. Ich habe viel an Lebenstüchtigkeit mitgenommen und lebe jetzt wieder in einem kleinen Dorf, lebe wieder am Dorfplatz. Ich kann nur Danke sagen. Danke an Erhard, Max und Manfred und all die anderen. Ich bin kein Musiker geworden, aber mir hat die Musik auch später einige der schönsten Momente meines ganzen Lebens geschenkt.

„Auf dem Dorf musst du bei einer Sache mitmachen, dann gehörst du dazu, dann bist du einer von ihnen, egal was passiert." Ich fühle mich nach über 40 Jahren, in denen ich nicht mehr in Rodheim lebe, immer noch zugehörig. Und das ist ein sehr schönes Gefühl.

Matthias Stührwoldt (geb. 1968),
aufgewachsen in Stolpe/Plön (Schleswig-Holstein)

Tragen und getragen werden

Um ehrlich zu sein: Ich gehe gern auf Trauerfeiern. Nicht etwa, dass ich mich freuen würde, wenn wieder jemand gestorben ist, aber wenn jemand gestorben ist und er oder sie ist unwiderruflich tot, dann versuche ich, es mir einzurichten, an der Trauerfeier teilzunehmen und der oder dem Toten die letzte Ehre zu erweisen. Gespannt lausche ich dann dem Bericht über das gelebte Leben und versuche, zwischen den Zeilen herauszuhören, was für Macken der oder die Gestorbene hatte. Das wird ja meist nicht offen gesagt, aber es gibt Leute, die professionell Trauerreden halten – gleich, ob geistlich oder weltlich orientiert, ob männlich oder weiblich – die sich vorzüglich darauf verstehen, auch den letzten Stinkstiefel nach seinem Tod mit freundlichen Worten zu beschreiben und trotzdem nicht zu verschweigen, was für einen Knall er hatte. Erst wenn dann die Rede auf die Erlöserhand kommt, die Jesus jetzt mal bitte ausstrecken soll, dann schalte ich ab. Ich glaube einfach nicht dran. Ich kann einfach nicht dran glauben. Manchmal wünschte ich, ich könnte es. Ich habe es versucht. Hat nicht geklappt.

Ich erinnere mich noch gut an die erste Beerdigung, auf der ich war. Mein Onkel Kalli, der älteste Bruder meiner Mutter, war mit 52 an Bauchspeicheldrüsenkrebs, nun ja, nicht gestorben, sondern verreckt. Sie hatten gar nicht mehr versucht, ihn zu operieren. Sie haben ihn aufgemacht und gleich wieder zu, weil sie sahen, dass er keine Chance hatte. Allerdings erzählte ihm niemand die Wahrheit. Im Gegenteil, man sagte ihm, die Operation sei gut verlaufen. Bis zum Schluss hat er geglaubt, er könne wieder gesund werden, und alle um ihn herum wussten, dass dem nicht so war. Zu mir meinten meine Eltern, wenn ich Onkel Kalli noch mal sehen wolle, müsse ich mit ins Krankenhaus kommen. Und während ich wusste, dass ich ihn zum letzten Mal sah, dass er bald sterben würde, sagte er zu meinem Vadder, der ihn rasieren musste, weil ihm selbst dazu die Kraft fehlte: Hannes, nächst Mol mook ik dat wedder sülven, nu geiht dat bargop, dor bün ik mi seker! Ich kämpfte still mit den Tränen. Damals hatte ich keine Worte dafür, aber heute finde ich, man hatte ihm die Würde genommen. Wir hatten ihm die Würde genommen.

Am Tag, bevor Kalli wegen andauernder Bauchschmerzen zur Untersuchung ins Krankenhaus gefahren war, hatte er noch seinen Rapsacker bestellt. Er hat die Klinik nicht mehr verlassen. Sechs Wochen später war es vorbei, und der Raps war gut aufgelaufen. Als er anfing zu blühen, war Kalli schon sieben Monate tot.

Ich war vierzehn, und ich fand die Beerdigung damals furchtbar. Ich hatte eigentlich keine Vorstellung davon, was mich erwartete.

Es gab einen atemberaubenden Augenblick, ganz zu Anfang, als wir – die Hinterbliebenen – nach vorne gingen, und alle Menschen erhoben sich still und zeigten uns ihre Anteilnahme. Ich weiß noch genau, wie die Kraft dieser kollektiven Geste in mich fuhr. Aber danach? Mit den Worten des Pastors konnte ich nichts anfangen. Die Kirche war voll, alle taten so traurig, so kam es mir vor, und meine Mudder brach, was mich total erschütterte, am offenen Grab zusammen. „Kalli, wi vergeet di nich!", rief sie ihm hinterher und wäre fast selbst in die Grube gefallen, weil sie komplett die Kontrolle und das Gleichgewicht verlor. Gleich danach standen wir etwas blöd neben dem Grab rum, und Dutzende Menschen kamen zu uns, gaben uns ihre schwitzigen Hände und murmelten „Beileid" in ihren Bart. Die meisten davon hatte ich nie zuvor gesehen.

Kurze Zeit später kriegte Mudder zum ersten Mal Antidepressiva, aber nach der Beerdigung ging es erst mal in die Kneipe, und plötzlich kam es mir vor, als feierte man einen Geburtstag, so fröhlich wurde gesoffen und erzählt. Dann wanzte sich eine Tante an Mudder ran und fragte, ob der unverheiratete Kalli denn der Familie auch etwas hinterlassen habe. Schlimm, dachte ich, schlimm, schlimm. Irgendwann hielt ich es nicht mehr aus und ging mit meinem Bruder Udo und seiner Freundin spazieren. Später, auf der Heimfahrt, auf dem Rücksitz des rallyegelben Ford Escort meines Bruders, dachte ich nach. Wie konnte es sein, dass das wortlose kollektive Aufstehen der Trauergemeinde mich so berührte, während mir das Händedrücken und das Beileidsagen der einzelnen Menschen hohl und heuchlerisch vorkam? Ich verstand es nicht.

Seitdem bin ich auf unzähligen Trauerfeiern gewesen. Sind ja auch unzählige Leute gestorben. Im Laufe der Jahre hat sich eine gewisse Routine eingestellt. Meist war ich jetzt Teil der Trauergemeinde, die wortlos und still zusammen aufsteht. Das persönliche Kondolieren aber vermied ich, denn ich wusste noch, wie es sich angefühlt hatte, die schwitzigen Hände, und alle Worte wirken da leer und wie auswendig aufgesagt. Inzwischen aber genieße ich den Gaststättenbesuch hinterher. Ich habe verstanden, worum es geht und warum das Sinn macht. Zusammenzusitzen, zu trauern, sich zu erinnern, aber auch zu essen und zu trinken, nach vorne zu blicken, sich dem Leben zuzuwenden. Oft ergaben sich gerade da die erstaunlichsten Gespräche, in dieser seltsamen Sphäre zwischen Trauer und Lebenswillen. Viele Leute sind dort offener als sonst, sensibler, ernsthafter auch.

Trauerkultur verändert sich. Als Kalli starb, 1982, gab es kaum Trauerfeiern an der Urne. Heute ist das normal. Früher aber stand der Sarg vorne in der Kirche, und man brauchte sechs Träger, um den Sarg am Ende zum Grab zu tragen. Und bei uns im Dorf war mein Vadder meist einer der Träger. Vadder, in Stolpe geboren, 1934, in Stolpe gestorben, 2014. Standorttreu, vom ersten bis zum letzten Tag. Aus der Kategorie gibt es nicht mehr viele. Und Vadder war ein geselliger Mensch und hat sich für die Dorfgemeinschaft engagiert. Erst Landjugend. Dann Reitverein. Feuerwehr. Bauernverband. CDU. Gemeinderat. Stellvertretender Bürgermeister. Bürgermeister. Man könnte sagen, er war im Dorf allerbestens vernetzt. Und er war beliebt. Auch deswegen ist er immer wieder gefragt worden.

Vadder war, zusammen mit einigen anderen, vor allem Hermann Wendt und Hans-Adolf Petersen, die auch Feuerwehrmänner waren, einer der prädestinierten Sargträger bei Beerdigungen in unserem Dorf. Damals waren die Sargträger in der Regel keine geringfügig Beschäftigten des Bestatters, nein, das waren Leute aus dem Dorf, die den verstorbenen Menschen kannten, vielleicht sogar Freunde von ihm oder ihr, nicht die besten Freunde vielleicht, die möglicherweise zu traurig zum Tragen sein würden, aber gute Freunde, die wussten, was für ein Verlust zu betrauern war, und für die es eine Ehre war, Träger zu sein, den Sarg aus der Kirche zum Grab zu tragen und ihn dann herunterzulassen in das dunkle, kalte Loch. Hinterher standen diese sechs Männer dann noch kurz am Grab, drei an jeder Seite, die Hüte in der Hand, und guckten runter, still und ernst. Sie waren ein gutes Team, Vadder, Hermann, Hans-Adolf und noch ein paar andere.

Vadder hatte es wirklich drauf. Er war der perfekte Sargträger. Klein, kräftig, flink, aber nicht zu cool dabei. Im Gegenteil, Vadder war nah am Wasser gebaut, oft wurden die Augen ihm feucht, wenn er da stand, dicke Tränen liefen ihm über die Wangen, und die Trauergäste dachten, der oder die Tote müsse ein guter Mensch gewesen sein, wenn sogar die Sargträger weinen.

Hinterher hat Vadder oft erzählt, wie sich die Leiche im Sarg angefühlt hat. „An den weer nix mehr an, de hett ja gor nix mehr wogen, dorbi weer dat so een staatschen Kerdl!" Und einmal meinte er über einen Bauern, der früh gestorben war, der sei so schwer gewesen, dass wahrscheinlich all die Doppelzentner, die er bei seinem Weizenertrag immer dazugelogen hatte, nun mit ihm im Sarg lagen. All das, was Vadder da sagte, war aber niemals boshaft. Es war Ausdruck des liebevollen Blicks eines erfahrenen Mannes auf das Leben, auf den Tod, auf die kleinen Schwächen der Menschen. Der Letzte, den Vadder getragen hat, war sein Freund Hermann. Da war Vadder schon schlecht zu Fuß, und das Tragen fiel ihm schwer. „Nächst Mol draag ik nich mehr," sagte Vadder, „nächst Mol warr ik draagen."

Er hörte dann sogar komplett auf, zu Trauerfeiern zu gehen. Ich glaube, der Tod war ihm zu nah, mittlerweile, und ich erinnerte mich daran, dass auch meine Großeltern irgendwann nicht mehr mitgegangen waren, wenn Nachbarn oder Geschwister verstorben waren. Es wirkte so, als wollten sie den Tod nicht herausfordern, sie eventuell gleich mitzunehmen, nach dem Motto: Naja, wenn ik allmol dor bün, nehm ik di glieks mit!

Mit Vadders Tod haben wir damals überhaupt nicht gerechnet. Okay, er war achtzig Jahre alt und er hatte es mit dem Herzen, aber es ging ihm jeden Tag gleich, und wir dachten, das könne noch über Jahre so weitergehen. Und dann, eines Tages, da saßen Vadder und Mudder zusammen mit unserer ältesten Tochter Marie am Kaffeetisch und schnackten. Vadder fühlte sich nicht gut, er konnte nichts essen, und dann sprachen die drei über Bauchweh, über kranke Menschen und kranke Kühe, und Marie fragte meine Eltern, was sie denn damals gemacht haben, auf dem Hof, wenn eine Kuh nicht fressen wollte, und Vadder sagte: „Oh, wi hebbt ehr ok mol een Buddel Köm geven ..." Und dann sackte er zur Seite und war weg. Die so tapfere Marie versuchte sofort, ihn wiederzubeleben, machte unter telefonischer Anleitung der Rettungsleitstelle Herzmassage, bis der Rettungsdienst kam und es noch weiter versuchte, quälende anderthalb Stunden lang, während wir alle eintrafen, die ganze Familie, zusammengerufen von Marie. Wir versammelten uns in der Küche, und nebenan im Wohnzimmer kämpften die Rettungssanitäter um Vadders Leben, am Ende länger, als uns lieb war. Als Vadders Tod dann endlich festgestellt war und die Rettungssanitäter und der Notarzt sich verabschiedet hatten, wechselten wir den Raum und setzten uns zu Vadder, der auf seinem Sofa lag, als mache er nun einen Mittagsschlaf, aus dem er niemals wieder erwachen würde.

Wir saßen im Kreis und spürten noch Vadders Wärme im Raum. Wir sprachen miteinander, trauerten, weinten, hielten uns an den Händen, und noch dort, im Wohnzimmer meiner Eltern, wusste ich, dass ich niemals vergessen würde, wie es war, von Vadder Abschied zu nehmen, mit ihm auf dem Sofa. Diese eine Stunde, vielleicht waren es auch zwei, diese Zeit zusammen würde uns für immer verbinden. Jon, unser jüngster Sohn, war dreizehn, und natürlich war er mit dabei. Wir hätten ihn auch mitgenommen, wenn er fünf oder sieben oder neun gewesen wäre. Der Tod ist für alle da, ebenso wie das Leben. Beides gehört zusammen. Das war mir schon immer klar. Damals, als wir Vadder verabschiedeten, dachte ich, dass das, was wir da taten, etwas zutiefst Bäuerliches war. Als Bauernkind wächst man mit dem Leben und dem Sterben auf. Man schaut nicht weg, wenn ein Kalb oder eine Kuh oder eine Katze stirbt. Man sieht aber auch zu, wenn sie geboren werden. Wir umarmten den Tod, so wie wir das Leben umarmten. Ich wollte nicht weglaufen. Ich war da, mit all meinen Sinnen.

Irgendwann rief ich den Bestatter an, und weil Vadder nicht leicht war, half ich ihm und seinem Mitarbeiter, Vadder aus dem Haus zum Auto zu tragen. Nun war ich also zu Vadders Träger geworden, zum Träger des Trägers.

Bei Vadders Trauerfeier reichte der Platz in der Kirche nicht aus. Obwohl die Wankendorfer Kirche nicht klein ist, standen Dutzende Leute noch draußen vor der Tür und nahmen Anteil. Trugen uns. Wieder Rührung und Gänsehaut, als sie alle aufstanden, still und schweigend. Mir schossen die Tränen in die Augen, und wie durch einen Schleier nahm ich wahr, wer alles dort war, dass sie alle dort waren. Die Freunde. Die Bäuerinnen und Bauern. Aber auch die politischen Kontrahenten. Der Eigenbrötler, der sonst nirgends hingeht. Einfach alle, gefühlt das ganze Dorf, vereint im Abschied von einem aus ihrer Mitte. Ich sah sogar den entfernt verwandten Heizungsbauer, mit dem Vadder sich wegen falscher Planung und überteuerter Rechnungen überworfen hatte. Kaum merklich nickte er mir zu, und ich nickte zurück. Dass er dort war, rührte mich besonders.

Vadders Feuerwehrkameraden trugen den Sarg zu dem Leichenwagen, der ihn ins Krematorium fuhr. Es begann zu regnen, während das Auto langsam vom Kirchhof rollte und einer der Feuerwehrmänner „Ich hatt' einen Kameraden" auf der Trompete spielte. Wir standen dort und blickten Vadder hinterher, bis er aus unserem Blickfeld verschwand.

Später, beim Kaffeetrinken, war der Saal des Gasthofs brechend voll, und wir stießen mit einem Köm auf Vadder an. Ein Köm zur rechten Zeit war ihm immer sehr wichtig gewesen, und das Schlimmste, was Vadder über ein Fest sagen konnte, war: „Wi hebbt dor nich mol een Köm kregen!" Mein Mitarbeiter passte währenddessen auf unser Bauernhaus auf, denn Wochen zuvor waren zeitgleich zur Trauerfeier eines Altbauern im Nachbardorf das Haus und der Hof der Familie ausgeraubt worden. Auch Gangster wissen offensichtlich, wie wichtig Beerdigungen auf dem Dorf sind.

Es folgte eine Zeit mit mehreren Todesfällen in der Familie. Vadder hatte nur den Anfang gemacht, im September 2014. Im April 2016 starb mein Bruder Udo nach langem Krebsleiden – seine Frau hatte Unglaubliches geleistet, damit er zu Hause bleiben konnte –, im Juli 2017 meine Mudder, auch an Krebs. Jedes Mal trafen wir uns wie einst, als Vadder gestorben war, nur immer einer oder eine weniger, saßen zusammen mit Udo, später mit Mudder, sprachen leise, tranken Tee, aßen Kuchen, von Udo auf dem Totenbett zeichnete unsere Tochter Nora noch ein Porträt – wir waren beisammen, immer beisammen, und jedes Mal dachte und fühlte ich, ja, so soll es sein, so ist es richtig, nicht schnell, schnell weg mit den Toten, bleibt beieinander, bis sich ein Empfinden einstellt, das dir sagt: Nun ist es gut.

Udo hatte Zeit, sich auf seinen Tod einzustellen. Anfang Juni 2014 wurde der Krebs diagnostiziert, und Ende Juni sagte man ihm, dass er daran sterben würde. Er suchte sich einen Platz auf dem Friedhof aus. Er wählte Musik, die gespielt werden sollte. Als er gestorben war, fuhr ich zu dem Treffen mit meiner Schwägerin und dem Bestatter, um die Trauerfeier zu besprechen. Bevor ich aufbrach, sagte meine Frau Birte zu mir: „Halte du doch die Trauerrede. Wer kennt Udo besser als du? Warum wollt ihr jetzt jemandem erzählen, was er sagen soll, und am Ende ist es doch nicht so gut?“ „Ich weiß nicht, ob ich das kann“, meinte ich. „Du kannst das“, sagte Birte und nahm mich in den Arm.

Als es so weit war, stand ich vorne im großen Saal des Krematoriums und führte durch die Trauerfeier. Ich sprach über Udos Leben, und zum Teil war es auch meins. Zwar wusste ich, dass es schwer werden würde, aber inzwischen war ich mir sicher, ich würde es schaffen. Nur einmal brach mir die Stimme. Erst hinterher, als der Sarg in der Bodenluke verschwunden war, brach ich in Tränen aus, und Birte fing mich auf. Und trug mich.

In seinem Testament hatte Udo sich gewünscht, dass an seinem ersten Geburtstag nach seinem Tod eine große Party stattfinden solle, bezahlt aus seinem Nachlass. Eigentlich hatte Udo seinen 50. Geburtstag groß feiern wollen, es aber kurzfristig absagen müssen. Später wollte er die Feier nachholen; dann kam die Krankheit dazwischen. Zuerst dachte er daran, noch zu seinen Lebzeiten zu feiern, schon gezeichnet vom Krebs. Aber sein Zustand verschlechterte sich zu schnell. Also verfügte er, dass wir ohne ihn feiern sollten.

Am 24. März 2017 war es so weit. An diesem Tag wäre Udo 54 geworden. Seine Witwe, sein Sohn und ich hatten über 150 Leute eingeladen, ein großes Fest zu Udos Ehren zu feiern. Natürlich gab es einige, die die Idee seltsam fanden und absagten. Aber jene weit über 100 Leute, die dann kamen, erlebten ein unvergessliches Fest. Wir tanzten und tranken und sangen und lachten und genossen den Abend. Für mich war klar: Udo war dabei. Ich fühlte ihn in mir. In jedem von uns war ein Stück von ihm, und so trugen wir ihn weiter durch die Welt. Selbst Mudder, die erst gezweifelt hatte – wat schüllt de Lüüd vun uns denken, wenn wi danzt un lacht, un he is doot? – war dort und lächelte.

Wenig später wurde auch sie krank, und schnell war klar, dass es nicht lange dauern würde. Als sie gestorben war, brauchten wir keine Träger. Sie wurde aus dem Krankenhaus ins Krematorium überführt, und die Trauerfeier fand später unmittelbar vor der Urnenbestattung statt. Mudder hatte wochenlang im Krankenhaus im Palliativ-Zimmer gelegen, in welchem Angehörige auch übernachten konnten. Eine Zeitlang hatten Marie und ich – wir beide standen Mudder am nächsten – uns dabei abgewechselt, bei ihr zu übernachten, weil wir nicht wollten, dass Mudder alleine sterben müsse. Unruhig wälzte sie sich hin und her und starb und starb nicht, obwohl die Nachtschwester, die nur am Wochenende arbeitete, sich schon dreimal von Mudder verabschiedet hatte. Erst, als Marie ihre Ausbildung beendet hatte, war die Zeit gekommen. Mudder starb, während Marie auf der Freisprechungsfeier ihr Abschlusszeugnis erhielt. Sie kam direkt von dort, um mit uns bei Mudder zu sitzen und Abschied zu nehmen.
Ihre Urne trugen wir zum Grab, Marie und ich. Der Bestatter fand das ungewöhnlich, aber wir wollten es so. Langsam gingen wir hinter dem Pastor und dem Bestatter her, an all den Menschen in der Kirche vorbei. Sie standen wieder, nahmen Anteil, jeder für sich und doch alle miteinander, und ich spürte, wie eine große Kraft in mich floss. Dann folgte die Trauergemeinde uns zum Familiengrab. Es fühlte sich richtig an. Wir waren beisammen. Wir trugen und wurden getragen.

Kurzporträts

Rita Fellner, ehemalige Krankenschwester und Geschäftsfrau. Sie lebt mit ihrem Mann weiterhin in der Hallertau in Bayern.

Bernadette Dambacher studierte in Bremen Betriebswirtschaft und Global Management. Nach Studien- und Arbeitsaufenthalten in Großbritannien, Italien und Portugal lebt sie heute in Stuttgart.

Magdalene Kermelk-Ziegler, Bioland-Bäuerin, lebt und arbeitet seit 1982 in Faurndau bei Göppingen. Ihre erste Geschichte in Ulrike Siegels Bauerntöchter-Buch von 2003 inspirierte sie zu vielen weiteren autobiografischen Texten.

Petra Döhler, Betriebswirtin und landwirtschaftliche Geschäftsführerin in MV, lebt mit ihrem Mann in Altwigshagen, der Sohn ist Landwirt in ST. Sie veröffentlichte mehrere Beiträge über das Bauernleben.

Erika Stavrakakis, seit einigen Jahren in Rente, lebt im Großraum Athen und kümmert sich unter anderem um herrenlose Hunde und Katzen.

Lea Söhner, Autorin, veröffentlichte einen Familienroman, ihr nächstes Buch über Trauer und Sterben erscheint im November 22. Sie lebt am Lago Maggiore und schreibt an ihrem dritten Buch.

Peter Heffner, Diplom-Agraringenieur. Er lebt mit Familie in Bad Waldsee/Oberschwaben und arbeitet als Geschäftsführer bei einem Landschaftserhaltungsverband.

Nikolaus König, Landwirtschaftsmeister und Berufsschullehrer, lebt und arbeitet mit seiner Familie in Breitnau und Titisee-Neustadt. Sie leben von Milchviehhaltung, einem Sägewerk und Tourismus.

Regina Aldinger, Grundschullehrerin. Sie ist Mutter von drei erwachsenen Söhnen und lebt mit ihrem Mann in Berlin.

Maria Elsner-Simon und Ilse Meyer sind Schwestern und mit sechs Brüdern im Moor aufgewachsen. Maria ist Heilpädagogin und lebt in Bremen, Ilse ist Bäuerin auf einem Milchviehbetrieb in Ostfriesland. Beide sind verheiratet und haben erwachsene Söhne und Enkelkinder.

Annette, heute Sprachpatin und Familienpädagogin. Sie lebt mit ihrer Familie an der Westküste SH, verbindet dort leidenschaftlich Land und Leute, wie sie es aus ihrem Heimatdorf gewohnt war.

Rainer Hofmann, Bauer in Hohenlohe. Er vermehrt Saatgut, hält Limpurger Weideochsen und schreibt Mundart-Texte.

Anita Böhm-Krutzinna, Buchautorin und ehemalige Biobäuerin. Sie veröffentlicht als leidenschaftliche Rosenfreundin Bücher über Rosenzüchterinnen und -malerei.

Maria Volkermann, wohnt in Kamen/Westf. Meisterin der ländlichen Hauswirtschaft und ehemalige Bäuerin. Bis zur Rente Pflegekraft. Liebt Gartenarbeit und das Schreiben. Verh., zwei Söhne.

Sabine Scheffer, Diplomjournalistin, Kunstwissenschaftlerin, engagiert sich für Sozialpolitik. Sie lebt in Berlin und arbeitete vorher mehrere Jahre in Kassel, Stuttgart und im Schwarzwald.

Heidi Fengler-Kuna ist Dipl.-Wirtschaftsingenieurin (FH) und arbeitet als Projektkoordinatorin freiberuflich in einer sozialen Einrichtung. Sie lebt mit ihrem Ehemann in Langenbernsdorf.

Ilse Luitgens, Hauswirtschafterin, Gartenführerin, Bäuerin in Rente, lebt auf einem Bauernhof zwischen zwei Deichen direkt am Dollart in Ostfriesland.

Richard Betz, Dipl.-Ing., Zimmerer und Theaterer, lebt in Liebenau (Nordhessen). Dort betreibt er eine kleine Zimmerei. Mit seinen Solotheaterstücken ist er bundesweit unterwegs.

Matthias Stührwoldt, Biobauer, Buchautor, Entertainer. Er ist verheiratet, hat fünf erwachsene Kinder und schreibt auf Hoch- und Plattdeutsch Geschichten über das Landleben.

Impressum

Deutsche Originalausgabe:
LV.Buch im Landwirtschaftsverlag GmbH, 48084 Münster

1. Auflage 2022

Gestaltung: LV.Buch im Landwirtschaftsverlag GmbH
Fotonachweis: Alle Fotos aus Privatbesitz; außer Autorenportrait Umschlag innen: Gottfried Stoppel; Umschlag Hintergrund: iStock/Getty Images Plus/billnoll und Umschlag Fotorahmen: Getty Images/E+/subjug
Lektorat: Dorothea Raspe, Münster
Druck: GGP Media GmbH, Pößneck

ISBN: 978-3-7843-5708-9

www.lv-buch.de